Frank Como-Zipfel, Gernot Hahn &
Daniel Kilian

**Allgemeines Handlungsmodell
Hausbesuche (AHH)**

dgvt Verlag

Frank Como-Zipfel, Gernot Hahn &
Daniel Kilian

Allgemeines Handlungsmodell Hausbesuche (AHH)

Materialien zur Praxis aufsuchender Sozialer Arbeit

Mit Online-Materialien

Materialie 76

dgvt Verlag

Deutsche Gesellschaft für Verhaltenstherapie
Tübingen
2023

Korrespondenzadressen:

Prof. Dr. Frank Como-Zipfel
Technische Hochschule Würzburg-Schweinfurt
Fakultät Angewandte Sozialwissenschaften
Münzstraße 12
97070 Würzburg
E-Mail: frank.como@thws.de

Dr. Gernot Hahn
Forensische Ambulanz im Klinikum am Europakanal Erlangen
Am Europakanal 71
91056 Erlangen
E-Mail: info@gernot-hahn.de

Dr. Daniel Kilian
Ochsenfurter Straße 37
97340 Marktbreit
E-Mail: daniel.kilian1@web.de

Die Online-Materialien sind zu finden unter: www.dgvt-verlag.de ➜ Service ➜ Download
Download-Code: mXisHvuzj8

Bibliografische Information der Deutschen Nationalbibliothek
Die Deutsche Nationalbibliothek verzeichnet diese Publikation in der Deutschen Nationalbibliografie; detaillierte bibliografische Daten sind im Internet über http://dnb.d-nb.de abrufbar.

Im Sudhaus
Hechinger Str. 203
72072 Tübingen

E-Mail: mail@dgvt-Verlag.de
Internet: www.dgvt-Verlag.de

Umschlagbild: shutterstock.com, © LumineImages
Umschlaggestaltung: Vogelsang Design, Jens Vogelsang, Aachen
Layout: VMR Monika Rohde, Leipzig
Druck: Printed in Germany

Auch als E-Book erhältlich unter der ISBN 978-3-87159-456-4

ISBN 978-3-87159-376-5

Inhaltsverzeichnis

Materialverzeichnis

Abbildungs- und Tabellenverzeichnis

Zum Geleit

In den ersten Monaten meiner Tätigkeit als Sozialarbeiter hatte ich vor Hausbesuchen große Angst. Mehrmals klopfte ich nur leise an der Tür und verschwand dann bald wieder, bevor jemand die Türe geöffnet hatte. Im Gegensatz zum sicheren Gesprächsrahmen in der Organisation schien ich mir in der Wohnung den Dynamiken der Lebenswelt der Klientinnen und Klienten ausgesetzt. Es war völlig unklar, wie sich das Beziehungsgeschehen entwickeln würde.

Ich begann diese Angst zu überwinden und erlangte ein Gefühl dafür, wie man sich als Gast zu verhalten hatte. Ich lernte die Situation einzuschätzen, eine Einladung zu einem Kaffee anzunehmen, lernte von der freundlichen gegenseitigen Respektbezeugung zu dem eigentlichen Inhalt des Gesprächs weiterzugehen. Ich lernte mein Alltagsdenken abzuschalten, das den Zustand der Wohnung schnell klassifizierte (gemütlich, unaufgeräumt etc.), und ich lernte, in einem von mir nicht vorarrangierten Setting sinnvolle Gespräche mit einer oder mehreren Personen zu führen, Konflikte zu moderieren und Lösungen vorzubereiten. Manchmal gab es dabei auch heftige Auseinandersetzungen, Tränen, Beschuldigungen und körperliche Drohgebärden. Manche versuchten mich in ihre Familie einzubauen, andere behandelten mich wie einen Polizisten. Bei den Hausbesuchen war ich viel näher am Leben meiner Klientinnen und Klienten, trotzdem sah ich auch hier nicht immer die wesentlichen Dinge.

Ich konnte jene nie ganz verstehen, die ihr Setting einschränken wollten: Psychotherapie, jeweils 45 Minuten in der Praxis. Diesen Verlust an lebendigem Leben wollte ich nie eingehen. Sozialarbeit ist gerade dadurch, dass sie in den verschiedensten Formen der Kontakte und Settings agiert, ganz nah am Leben der Klientinnen und Klienten. Allerdings benötigen die Sozialarbeiterin und der Sozialarbeiter dafür auch ein gutes Hintergrundwissen und die Fähigkeit, sich selbst als Instrument einsetzen zu wollen. Im Setting beobachten sie die Umgebung, die anderen Anwesenden, ihre Beziehung zueinander und sich selbst. Das muss man erst lernen, ein gutes Team hilft dabei.

Es freut mich sehr, dass dieser Band nun erscheint. Es hätte so ein Buch schon längst geben sollen.

Prof. Dr. phil. Peter Pantuček-Eisenbacher
(Bertha von Suttner Privatuniversität St. Pölten
& Fachhochschule St. Pölten)

Vorwort

Hausbesuche werden bereits seit der Frühphase der Professionalisierung der Sozialen Arbeit durchgeführt und sind seitdem auch ein Gegenstand methodischer und theoretischer Auseinandersetzungen. Die umfassende Industrialisierung im angloamerikanischen Raum des 19. Jahrhunderts bewirkte massive gesellschaftliche Umwälzungen und radikale Modernisierungen in der Arbeitswelt. Diese wirkten sich insbesondere auf die Fabrikarbeiterschaft und deren Familien aus und zeigten sich in massenhafter Armut, dem Entstehen von Slums, mangelnder Hygiene, Hunger, Krankheiten sowie in einer geringen Lebenserwartung. Ab 1878 begannen ehrenamtliche Helfer*innen (meist Studierende) in den Armenvierteln Buffalos (New York) damit, hilfsbedürftige Familien zu besuchen, um diese freundschaftlich bei der Bewältigung ihrer Alltagsprobleme zu unterstützen und in ihrer Lebensgestaltung zu beraten *(„friendly visitors")*. Einen ähnlichen Ansatz verfolgten die ehrenamtlichen Helfer*innen, die ab den 1880er-Jahren im Londoner Elendsquartier Whitechapel eingesetzt wurden. Während die friendly visitors in Großbritannien insbesondere durch die sozialreformerischen Kirchenvertreter Thomas Chalmers (1780–1847) oder Samuel Barnett (1844–1913) organisiert wurden, übernahmen dies in den USA die *Charity Organization Societies,* die als Einrichtungen der Wohlfahrtspflege und Armenverwaltung festangestellte, ausgebildete Fachkräfte *(„paid agents")* beschäftigten. Diese *paid agents* waren jeweils für eine bestimmte Anzahl von *friendly visitors* verantwortlich, wobei sie deren Arbeit überwachten, kontrollierten und anleiteten. Das Konzept der *friendly visitors* war äußerst erfolgreich und breitete sich in vielen amerikanischen Großstädten aus – bereits im Jahr 1890 gab es in den USA 78 lokale *Charity Organization Societies,* die 174 *paid agents* beschäftigten, die für 2017 *friendly visitors* zuständig waren (Gerull, 2014, S. 17f.; Kadushin & Harkness, 2014, S. 1; Belardi, 2018, S. 18; Como-Zipfel & Lanig, 2022, S. 3f.). In diesem Kontext veröffentlichte Mary Richmond, eine der bedeutendsten Gründerpersönlichkeiten der Sozialen Arbeit, im Jahr 1899 mit *Friendly Visiting among the Poor. A Handbook for Charity Workers* die erste Fachpublikation über Hausbesuche in Form eines Lehrbuchs. Nach den Zäsuren der nationalsozialistischen Diktatur und des Zweiten Weltkriegs kam es im deutschsprachigen Raum zum Wiederaufbau und zur Erneuerung der Wohlfahrtsorganisationen, der sozialen Sicherungssysteme und der Sozialen Arbeit (Amthor, 2012, S. 193ff.). So hat sich während der Nachkriegszeit die Methode des Hausbesuchs fast in nahezu allen Handlungsfeldern der Sozialen Arbeit etabliert und wird dort regelmäßig von Fachkräften durchgeführt: Sei es in Kinder- und Jugendarbeit, der Arbeit mit behinderten Menschen, in der Bewährungshilfe, der Arbeit mit psychisch Erkrankten, in der gesetzlichen Betreuung oder in der Arbeit mit alten Menschen. In spezialisierten Bereichen, z. B. den aufsuchenden Hilfen und dem Betreuten Wohnen, stellen Hausbesuche das zentrale Setting für die Kommunikation, den Kontakt und die Arbeit mit der Klientel dar. Doch obwohl Hausbesuche eine durchaus übliche Praxis im Berufsalltag darstellen, ist festzustellen, dass die Anzahl der neueren Fachpublikationen zum Thema Hausbesuche – seit dem Jahr 2000 – vergleichsweise gering ist. In den aktuellen Auflagen der für den deutschsprachigen Raum maßgeblichen Nachschlagewerke, dem *Wörterbuch Soziale Arbeit* (9. Auflage, 2021) und dem *Fachlexikon der Sozialen Arbeit* (9. Auflage, 2022), ist das Stichwort „Hausbesuch" mit keinem eigenen Eintrag vertreten. Die Monographien und Beiträge in Sammelbänden und Zeitschriften, die den Begriff „Hausbesuch" explizit im Titel tragen, umfassen kaum zwei Dutzend Publikationen.

Von den *Monographien,* die sich zentral dem Thema des sozialarbeiterischen Hausbesuchs widmen und einen allgemeineren Charakter besitzen, sind insbesondere die folgenden Veröffentlichungen zu nennen: *Hausbesuche in der Sozialen Arbeit. Eine arbeitsfeldübergreifende empirische Studie* von Susanne Gerull (2014); *Hausbesuche im Kinderschutz. Empirische Analyse zu Rahmenbedingungen und Handlungspraktiken in Jugendämtern* von Ulrike Urban-Stahl, Maria Albrecht und Svenja Gross-Lattwein (2018) sowie *Aufsuchende psychiatrische Arbeit* von Klaus Obert, Karin Pogadl-Bakan und Gabriele Rein (2018). Die folgenden beiden *Sammelbände* widmen sich zumindest partiell dem Thema Hausbesuch, wobei sie sich hier auf speziellere inhaltliche Fragestellungen konzentrieren: Das von Matthias Müller und Barbara Bräutigam herausgegebene Buch, *Hilfe, sie kommen!* (2011), umfasst 28 Beiträge und behandelt insbesondere systemische Sichtweisen im aufsuchenden Kontext; der von Stefan Weinmann, Andreas Bechdolf und Nils Greve herausgegebene Band, *Psychiatrische Krisenintervention zu Hause* (2021), umfasst 17 Beiträge und stellt die stationsäquivalente Behandlung von psychiatrischen Patient*innen (Home Treatment) in den Mittelpunkt. Vor allem ein Blick auf die *Aufsätze* in Zeitschriften und Sammelwerken aus den letzten beiden Jahrzehnten zeigt das breite Spektrum unterschiedlicher inhaltlich-fachlicher Perspektiven auf das Themengebiet Hausbesuche: *Der Hausbesuch zur Überprüfung der örtlichen Verhältnisse zur Mitwirkung des Jugendamtes in Verfahren vor dem Familiengericht zur Regelung der elterlichen Sorge bei Trennung und Scheidung* von Ferdinand Kaufmann und Klaus Plate (2000); *Der Hausbesuch: Hausbesuche bei Gefährdung und Vernachlässigung von Kindern. Rechtsrahmen und fachlich-methodisches Vorgehen* von Manfred Neuffer und Rainer Ollmann (2000); *Rechtsfragen im Zusammenhang mit einem Hausbesuch* von Rainer Ollmann (2001); *Der Hausbesuch zwischen fachlicher Notwendigkeit und öffentlicher Instrumentalisierung* (2009), *„Hausbesuch" oder „Heimsuchung"? Ambivalenzen eines klassischen Settings der Arbeit in Familien* (2015), *Hausbesuche* (2019) von Ulrike Urban-Stahl; *Der unangemeldete Hausbesuch von Fachkräften der Jugendämter in Pflegefamilien* von Ferdinand Kaufmann (2011); *Der Hausbesuch im Kontext der aufsuchenden Sozialarbeit einer psychiatrischen Institutsambulanz* von Markus Banger, Monika Wellnitz und Markus Gastpar (2004); *Der Hausbesuch im Kontext des Schutzauftrags bei Kindeswohlgefährdung* von Maria Albrecht, Svenja Lattwein und Ulrike Urban-Stahl (2016); *Die Arbeit des aufsuchenden Fachdienstes am Beispiel des Betreuten Wohnens in Familien* von Jo Becker (2017); *Andere Länder, andere Sitten. Hausbesuche bei Migranten* von Ibrahim Rüschoff (2020) sowie *Hausbesuche und aufsuchende Hilfen im Kontext der qualifizierten Assistenz* von Barbara Bräutigam, Lisa Große und Matthias Müller (2022).

Diese kleine Literaturrevue verdeutlicht, dass der sozialarbeiterische Hausbesuch in der Fachliteratur durchaus als eine Art interdisziplinäres Querschnittsthema behandelt wird, in dem sich pädagogische, psychiatrische und rechtliche Reflexionen spiegeln, die sich auf eine vielfältige Klientel und unterschiedlichste Handlungsfelder beziehen. Vor diesem Hintergrund versuchen wir mit diesem Buch zweierlei zu erreichen: *Im ersten Teil* diskutieren wir eine theoretische, methodische und formale Verortung des Hausbesuchs im Kontext der aufsuchenden Hilfen; *im zweiten Teil* stellen wir ein praxisorientiertes Konzept mit Materialien für die Planung, Durchführung und Evaluation von Hausbesuchen vor. Beide Teile sollen dabei als möglichst allgemeine Orientierungen sowie handlungsfeld- und professionsübergreifende Arbeitshilfen für alle Fachkräfte dienen, die in der aufsuchenden psychosozialen Arbeit tätig sind. Im Verlauf des Textes wird unter anderem von Sozialer Arbeit, psychosozialen Hilfen und pädagogischen Handlungsfeldern gesprochen. Auch wenn hier aus organisatorischen Gründen teils unterschiedliche Termini verwendet werden, sollen diese im folgenden Text als synonym betrachtet werden.

Frank Como-Zipfel, Gernot Hahn & Daniel Kilian

Erster Teil: Grundlagen

1 Gesetzliche Grundlagen

Die formelle und gesetzliche Verankerung von Hausbesuchen im sozialarbeiterischen und pädagogischen Kontext variiert sehr stark in Abhängigkeit vom jeweiligen Arbeitsfeld beziehungsweise der jeweiligen Maßnahme. So ist in vielen Kontexten, in denen Hausbesuche eher sporadisch oder im Einzelfall auftreten, kein formeller gesetzlicher Auftrag für den Hausbesuch definiert. Hausbesuche sind hier eher eine individuelle Maßnahme, die in Absprache mit den betroffenen Personen im Einzelfall festgelegt wird. Dies kann beispielsweise im Rahmen von Krankenhaussozialdiensten bei stationären Behandlungen oder im Rahmen des Entlassmanagements der Fall sein, falls für die Planung der Entlassung eine Inaugenscheinnahme der wohnlichen Gegebenheit vor Ort erforderlich ist. Auch beispielsweise im Rahmen einer Trennungs- und Scheidungsberatung, seniorenspezifischer Angebote, der „Streetwork" oder „Jugendhilfe im Strafverfahren" wären solche außerplanmäßigen und individualisierten Hausbesuche zur Eruierung des Wohnumfeldes und der Lebenssituation der Klient*innen denkbar.

Anders verhält es sich mit Maßnahmen, welche in ihrer Konzeption und ihrem gesetzlichen Auftrag explizit die Einbeziehung von Hausbesuchen vorsehen. Dies betrifft insbesondere die Arbeitsfelder der Jugendhilfe, der Bewährungshilfe und der Eingliederungshilfe für Menschen mit Behinderung oder psychischen Störungen. Zu unterscheiden ist hier zwischen Hausbesuchen aufgrund eines ambulant aufsuchenden Betreuungssettings, Hausbesuchen zur Bedarfsfeststellung und Hilfe-/Teilhabeplanung. Letztere haben das Ziel, sozialdiagnostisch eruierend und teilweise auch kontrollierend die häuslichen Gegebenheiten zu erfassen, um Hilfebedarfe und Gefährdungssituationen abzuklären und Maßnahmen zu begründen. Zudem sollen hier Ziele auf Basis empirischer Daten aus der Lebenswelt der Betroffenen definiert werden. Dagegen dient der Hausbesuch in der ersten Gruppe vorwiegend dem Zweck der Betreuung, Begleitung und Versorgung. Hier geht es also um die eigentliche Alltagsbegleitung und die Umsetzung des sozialpädagogischen Auftrags, welche in der Hilfe- und Teilhabeplanung beschrieben worden sind. Eine gewisse Sonderstellung nehmen Hausbesuche ein, die im Sinne des doppelten Mandats der Sozialen Arbeit explizit einen staatlichen Kontrollauftrag wahrnehmen. Dies ist beispielsweise bei der Einschätzung von Kindeswohlgefährdungen im Sinne des § 8a SGB VIII durch den Allgemeinen Sozialen Dienst der Jugendämter der Fall oder auch bei der Prüfung der Einhaltung von Bewährungsauflagen und Weisungen durch die Bewährungshilfe im Sinne des § 68 StGB. Die jeweiligen gesetzlichen Aufträge sowie die zugrunde liegenden Rechtsvorschriften unterscheiden sich hier stark in den spezifischen Arbeitsfeldern. Daher sollen im Folgenden die rechtlichen Grundlagen der wichtigsten Handlungsfelder mit Hausbesuchen kurz beschrieben werden.

1.1 Gesetzliche Grundlagen in der Jugendhilfe und Schulsozialarbeit

Die (ambulante) Jugendhilfe stellt nicht nur eines der größten Handlungsfelder Sozialer Arbeit in Deutschland dar, sondern ist auch ein Arbeitsbereich mit dem umfassenden gesetzlichen Auftrag zur Durchführung von Hausbesuchen. Wie eingangs in diesem Kapitel bereits beschrieben, ist im Bereich der Jugendhilfe zwischen Hausbesuchen zur Bedarfsfeststellung und

Risikoabschätzung sowie zur Durchführung aufsuchender ambulanter Hilfe zu unterscheiden. Die Hausbesuche zur Bedarfsfeststellung und Risikoabschätzung finden dabei in der Regel vor der Implementierung von Maßnahmen sowie in regelmäßigem Turnus während der Hilfegewährung (Hilfeplanung) statt.

Hausbesuche zur Risikoabschätzung und Bedarfsfeststellung sind rechtlich vor allem durch das staatliche „Wächteramt" der Jugendämter definiert. Dieses findet sich im Grunde bereits in Art. 6 Absatz 2 des Grundgesetzes, in welchem es heißt: „Pflege und Erziehung der Kinder sind das natürliche Recht der Eltern und die zuvörderst ihnen obliegende Pflicht. Über ihre Betätigung wacht die staatliche Gemeinschaft." Der zweite Satz definiert hier einen Kontrollauftrag der staatlichen Gemeinschaft für die Rechte, Entwicklung und Unversehrtheit der Kinder.

> Das Gesetz impliziert [jedoch] keine Aufforderung zum grundsätzlichen Misstrauen, zum Nachgucken in den Schlaf- und Kinderzimmern, zur Überwachung. Vielmehr wird ein Auftrag formuliert zur Unterstützung solcher Eltern, die Probleme haben, zum Wohle ihres Kindes zu erziehen, und zum Eingreifen des Staates, wenn diese Unterstützung nicht ausreichend ist, um das Wohl des Kindes zu verwirklichen. (Kohaupt, 2006, S. 3)

Konkretisiert wird dies insbesondere durch § 1666 BGB über die Gewährung des Kindes durch Eltern oder Dritte und § 1666a BGB zur Zulässigkeit der Trennung des Kindes von den Eltern und des Entzugs des Sorgerechtes.

Die Wahrnehmung des „Wächteramtes" obliegt den Jugendämtern und ist als „Schutzauftrag bei Kindeswohlgefährdung" in § 8a des Sozialgesetzbuches Acht (SGB VIII), ehemals Kinder- und Jugendhilferecht, definiert. Dort heißt es in Absatz 1:

> Werden dem Jugendamt gewichtige Anhaltspunkte für die Gefährdung des Wohls eines Kindes oder Jugendlichen bekannt, so hat es das Gefährdungsrisiko im Zusammenwirken mehrerer Fachkräfte abzuschätzen. Dabei sind die Personensorgeberechtigten sowie das Kind oder der Jugendliche einzubeziehen, soweit hierdurch der wirksame Schutz des Kindes oder des Jugendlichen nicht infrage gestellt wird. Hält das Jugendamt zur Abwendung der Gefährdung die Gewährung von Hilfen für geeignet und notwendig, so hat es diese den Personensorgeberechtigten oder den Erziehungsberechtigten anzubieten.

Zu dieser in § 8a Abs. 1 Satz 1 beschriebenen Risikoabschätzung, aber auch zur Abschätzung der Geeignetheit und Notwendigkeit spezifischer Hilfen zur Gefahrenabwehr ist hierfür häufig eine Begutachtung des Lebensumfeldes, also auch der häuslichen Situation, notwendig. Ein Hausbesuch durch Mitarbeitende des Jugendamtes beziehungsweise des Allgemeinen Sozialdienstes (ASD) wird hierdurch nicht nur legitimiert, vielmehr sind die Jugendämter sogar zu einem Hausbesuch verpflichtet, wenn dies als einzige Möglichkeit zur Sicherung des Kindeswohls verbleibt (Freie und Hansestadt Hamburg, Behörde für Soziales, Familie, Gesundheit und Verbraucherschutz, 2008, S. 6). Die Rechtsgrundlage der Jugendämter zum Betreten der Wohnungen – ggf. auch gegen den Willen der bewohnenden Personen – ist über unterschiedliche regionale Gesetze und Verordnungen zum Schutz der öffentlichen Sicherheit und Ordnung, wie beispielsweise den § 3 und § 16 des HmbSOG, geregelt.

Wenn das Jugendamt beziehungsweise der ASD die Geeignetheit und Notwendigkeit einer Jugendhilfemaßnahme entsprechend § 8a Abs. 1 Satz 3 feststellt und diese den Personensorgeberechtigten anbietet, wird für die Feststellung des Hilfebedarfes üblicherweise in regelmäßigen Abständen ein Hilfeplan gemäß § 36 Abs. 2 SGB VIII erstellt.[1] Sofern es sich dabei um eine ambulante Hilfe zur Erziehung handelt, welche zumindest im häuslichen Umfeld des Kindes stattfindet (§ 30 Erziehungsbeistandschaft/Betreuungshelfer, § 31 Sozialpädagogische Familienhilfe und teilweise auch § 35 Intensive Sozialpädagogische Einzelbetreuungen), ist es sinnvoll und üblich, Hilfeplangespräche im Rahmen von Hausbesuchen durchzuführen. So können erzieherische Ziele entsprechend den tatsächlichen Gegebenheiten des Lebens- und Wohnumfeldes des Kindes oder Jugendlichen erfasst werden und die beteiligten Fachkräfte erhalten ein detailliertes Bild, was zu einer realistischen und konkreten Zielfindung beitragen soll. Hilfeplanverfahren gemäß § 36 Abs. 2 SGB VIII können im Rahmen der Vollzeitpflege in Form von Hausbesuchen stattfinden, wobei hier nicht das Wohnumfeld der Herkunftsfamilie der Ort der Hilfeplankonferenz sein muss, sondern dieses auch den Privatbereich der Pflegeeltern betreffen kann. Auch bei der Auswahl und Zulassung von Bewerber*innen als Pflegeeltern werden zudem Gespräche in Form von Hausbesuchen abgehalten (LWL-Landesjugendamt Westfalen, 2014, S. 11).

Ebenfalls findet im Vorfeld einer Adoption mindestens ein Hausbesuch durch Sozialarbeiter*innen der Adoptionsvermittlungsstelle statt (Reinhardt, 2017, S. 45). Wenn eine entsprechende ambulante aufsuchende Hilfe zur Erziehung empfohlen und bewilligt wurde, kommen im Rahmen dieser ambulanten Maßnahmen die Hausbesuche zur Durchführung der Hilfe im Sinne von Beratung, Begleitung und Unterstützung im häuslichen Umfeld zum Tragen. Hier steht nun nicht mehr die Feststellung des Hilfebedarfs, sondern die Umsetzung der Hilfe im Fokus. Hausbesuche sind hier insbesondere bei der „Erziehungsbeistandschaft" (§ 30 SGB VIII) und der „Sozialpädagogischen Familienhilfe" SPFH (§ 31 SGB VIII) vorgesehen. Dabei wird der Hausbesuch nicht explizit im Gesetz festgeschrieben, jedoch implizit durch Formulierungen wie „Einbezug des sozialen Umfeldes" in § 30 SGB VIII oder „intensive Betreuung und Begleitung" der Familien in § 31 SGB VIII benannt, da sich ein Großteil des sozialen Umfeldes sowie des familiären und erzieherischen Lebens einer Familie zu Hause abspielt. Weiterhin können sich Hausbesuche zur Hilfegewährung auch auf „intensive sozialpädagogische Einzelbetreuungen" nach § 35 SGB VIII beziehen, welche inhaltlich als Maßnahme für „intensive Unterstützung zur sozialen Integration und eigenverantwortlichen Lebensführung" (§ 35 SGB VIII) sehr offen definiert sind und sich in der Praxis auf verschiedene Wohn- und Lebensformen, z. B. eigene betreute Wohnungen der Jugendlichen, ambulant betreute gemeinschaftliche Wohngruppen für Jugendliche oder individuelle, aber intensive Angebote im elterlichen Haushalt, beziehen können.

Ein weiteres Handlungsfeld der Kinder und Jugendhilfe, welches Hausbesuche gesetzlich verpflichtend vorsieht, sind die sogenannten „Frühen Hilfen", die einen sehr breiten rechtlichen Rahmen von Bundes-, Ländergesetzen und Vereinbarungen haben (Nationales Zentrum frühe Hilfen, o. J.). Maßgeblich für die Implementierung früher Hilfen sind vor allem das Bundeskinderschutzgesetz (BKISchG) und dessen Hauptteil sowie § 3 Abs. 4 Gesetz zur Kooperation und Information im Kinderschutz (KKG). Aufsuchende Frühen Hilfen, die dabei in das häusliche Umfeld kommen, können beispielsweise Familienhebammen, Kinderkrankenpfleger*innen oder Familienhelfer*innen sein (Landratsamt Würzburg Jugendamt, o. J.).

1 Bei längerfristigen Hilfen im Rahmen der Hilfe zur Erziehung (§ 27ff. SGB VIII), der Eingliederungshilfe (§ 35a SGB VIII) oder der Hilfen für junge Volljährige (§ 41 SGB VIII).

1.2 Gesetzliche Grundlagen in der Gerichts- und Bewährungshilfe

Im Gegensatz zu den vergleichsweise komplexen rechtlichen Grundlagen der Hausbesuche in der Jugendhilfe ist die gesetzliche Regelung im Bereich der Gerichtshilfe zwar überschaubarer, dabei jedoch nicht weniger bindend. Hier sind Hausbesuche fester Bestandteil der Probandenkontakte. *„Hierdurch werden das persönliche Umfeld und die sozialen Bezüge der Betroffenen wahrgenommen und für das Persönlichkeitsbild erfasst. Hausbesuche werden fallorientiert und nach der individuellen Lebenslage der Betroffenen durchgeführt"* (Qualitätsstandards Schleswig-Holstein, 2013, S. 27).

Die Gerichtshilfe umfasst die Bewährungshilfe sowie die Führungsaufsicht. Gerade in diesem Arbeitsfeld sind die Hausbesuche sehr stark durch das doppelte Mandat geprägt. Die Hausbesuche sind in der Regel nicht von den Probanden gewünscht oder selbst eingefordert, sondern von dem gesamtgesellschaftlichen Auftrag der Resozialisierung von straffälligen Personen und der Verhinderung zukünftiger Straftaten geprägt. Den Kontakten liegt sowohl eine Hilfs- als auch eine Kontrollfunktion zugrunde (ebd., S. 18). Informationen zu Straftaten und Bewährungsverstößen müssen der Justiz weitergemeldet werden. „Hausbesuche werden in der Regel schriftlich angemeldet oder mündlich vereinbart. Im Einzelfall, wie z. B. bei Terminversäumnis, Kontaktabbruch, drohendem Widerruf oder bei bestimmten Tätergruppen (z. B. bei Straftaten z. N. von Kindern), kann ein Hausbesuch auch unangemeldet erfolgen" (Qualitätsstandards Schleswig-Holstein, 2013, S. 18).

Die Voraussetzungen für die Implementierung der Bewährungshilfe und die Beschreibung der Hilfs- und Kontrollfunktion sind im § 56d des StGB beziehungsweise im Fall von Jugendlichen und Heranwachsenden in den § 24 und 25 JGG definiert. Für die Führungsaufsicht sind diese in § 67b ff. und § 68ff. beziehungsweise § 7 JGG für Jugendliche und Heranwachsende festgeschrieben. Die Rolle und Beteiligung der Gerichtshilfe im Ermittlungs- und Vollstreckungsverfahren sind in der Strafprozessordnung in § 160 Abs. 3 StPO und § 436a StPO beschrieben.

Der Hausbesuch wird dabei in den gesetzlichen Grundlagen nicht selbst erwähnt, sondern in den zuvor bereits zitierten Qualitätsstandards der Bewährungshilfe ausgeführt, welche für jedes Bundesland definiert wurden. Im Fall der Erwachsenen bildet der Hausbesuch hier einen Soll-, jedoch keinen Muss-Standard. In Ausnahmen kann der verpflichtende Hausbesuch aber durch das Gericht in das Urteil aufgenommen werden. In diesen Fällen ist der Hausbesuch dann durch die Abschrift des Urteils eine bindende Auflage. Im Fall von minderjährigen Verurteilten ist durch die Qualitätsstandards mindestens ein Hausbesuch zu Beginn der Bewährungszeit verpflichtend vorgesehen.

1.3 Gesetzliche Grundlagen in der Eingliederungshilfe

Das dritte große sozialpädagogische Arbeitsfeld, in welchem Hausbesuche standardmäßig durchgeführt werden, umfasst die Eingliederungshilfe für Menschen mit Behinderung. Der Anspruch auf eine Leistung der Eingliederungshilfe nach § 99 SGB IX wird durch den Behinderungsbegriff in § 2 SGB IX definiert und umfasst Menschen mit einer körperlichen, geistigen, seelischen oder Sinnesbeeinträchtigung, welche sie in der Wechselwirkung mit ihrer Umwelt in ihrer gleichberechtigten Teilhabe an der Gesellschaft für mehr als sechs Monate einschränkt oder eine solche Einschränkung mit hoher Wahrscheinlichkeit hervorrufen wird. In letzterem Fall spricht man dann von einer sogenannten drohenden Behinderung. Der Anspruch für Eingliederungshilfen für Kinder und Jugendliche ist in § 35a des SGB VIII geregelt.

Die Funktionen des Hausbesuches sind in der Eingliederungshilfe als äquivalent zu denen der Kinder- und Jugendhilfe zu sehen. So werden auch hier Hausbesuche zur Bedarfsfeststellung beziehungsweise zur Feststellung des individuellen Teilhabebedarfes, vergleichbar mit der Hilfeplanung der Jugendhilfe, durchgeführt. Im Unterschied zur Jugendhilfe geht es jedoch nicht um Unterstützung bei der Erziehung und Betreuung der Kinder und der Förderung ihrer individuellen Entwicklung, sondern um die Identifikation von behinderungsbedingten Hemmnissen, Einschränkungen und Barrieren, welche einer Teilhabe in der Gesellschaft im Sinne des Normalitätsprinzips im Wege stehen (§ 2 Abs. 1 Satz 2 SGB IX). Weiterhin gibt es auch in der Eingliederungshilfe, insbesondere im Bereich der sozialen Teilhabe, Hausbesuche im Rahmen von Assistenz- und Interventionsmaßnahmen, d. h. zum direkten Zweck des Ausgleichs der sozialen Auswirkungen der Behinderung. Diese sind dann vergleichbar mit den Hausbesuchen in ambulanten Jugendhilfemaßnahmen wie der sozialpädagogischen Familienhilfe oder der Erziehungsbeistandschaft.

Die Bedarfsfeststellung im Rahmen der Eingliederungshilfe wurde durch das Inkrafttreten des Bundesteilhabegesetzes (BTHG) grundsätzlich reformiert. Der individuelle Hilfebedarf der anspruchsberechtigten Person steht zentral im Vordergrund und alle potenziellen Träger rehabilitativer Eingliederungshilfeleistungen (z. B. örtliche und überörtliche Sozialhilfeträger, Agentur für Arbeit, Rentenversicherung und Jugendamt) sind im Rahmen eines Teilhabeplanverfahrens gemäß § 19 SGB IX zur Zusammenarbeit und Vernetzung verpflichtet, sodass ein gemeinsamer Teilhabeplan erstellt wird, welcher alle notwendigen Rehabilitationsleistungen der verschiedenen Träger umfasst. Dieser ist vom erstangegangenen Leistungsträger zu initiieren und kann auch im Rahmen einer Teilhabekonferenz gemäß § 20 SGB IX stattfinden. Bei dieser sind alle beteiligten Kostenträger sowie die anspruchsberechtigte Person einzubeziehen. Sie kann, muss jedoch nicht im Wohnumfeld der betroffenen Person stattfinden. Allerdings ergibt sich aus den gesetzlich geregelten Vorgaben des zu verwendenden Bedarfsermittlungsinstrumentes wiederum ein indirektes Gebot zum Hausbesuch. Das Bedarfsermittlungsinstrument muss nach § 118 SGB IX Abs. 1 Satz 2 zwingend an den Teilhabebereichen der Internationalen Klassifikation der Funktionsfähigkeit Behinderung und Gesundheit (ICF) der WHO ausgerichtet sein. Dieses umfasst nach § 118 Abs. 1 Satz 3 folgende neun Lebens- und Teilhabebereiche:

- Allgemeine Aufgaben und Anforderungen
- Kommunikation
- Mobilität
- Selbstversorgung
- Häusliches Leben
- Interpersonelle Interaktionen und Beziehungen
- Bedeutende Lebensbereiche
- Gemeinschafts-, soziales- und staatsbürgerliches Leben

Um hier ein möglichst realistisches und umfassendes Bild vom Funktionsniveau der antragstellenden Person in ihrer realen Lebenswirklichkeit zu erhalten, ist es für die Lebensbereiche Selbstversorgung, häusliches Leben und bedeutende Lebensbereiche sowie teilweise auch die Lebensbereiche Mobilität und interpersonelle Interaktion und Beziehungen praktisch unabdingbar für die Bedarffeststeller*innen, das häusliche Lebensumfeld der betroffenen Person zu kennen und dieses auch gesehen zu haben, besonders da neben personenbezogenen immer auch umweltbezogene Faktoren (sowohl Ressourcen als auch Barrieren) zu berücksichtigen sind (Umsetzungsbegleitung BTHG, o. J.). Eine zwingende Notwendigkeit, einen Hausbesuch durchzuführen, besteht jedoch nicht, wenn ein umfassender und realistischer Überblick über die Unterstützungsbedarfe auch über andere Wege, z. B. im Gespräch mit der betroffenen Person und weiteren Beteiligten, wie externe Fachstellen oder Angehörige, erhoben werden kann.

Nachdem die Bedarfsfeststellung im Rahmen des Teilhabe- und Gesamtplanverfahrens abgeschlossen ist und entsprechende Eingliederungshilfen bewilligt wurden, kommen die Hausbesuche im Rahmen der Assistenz- und Bewältigungsleistungen zum Tragen. Diese betreffen insbesondere den Bereich der sozialen Teilhabe nach § 76ff. SGB IX und § 113 SGB IX. Hervorzuheben sind die Assistenzleistungen nach § 78 SGB IX, welche den Zweck verfolgen, die leistungsberechtigten Personen bei ihrer selbstbestimmten und eigenständigen Bewältigung des Alltags in den Bereichen der Haushaltsführung, der Gestaltung sozialer Beziehungen, der Gestaltung der Freizeit, der Teilhabe am gemeinschaftlichen und kulturellen Leben, sportlicher Aktivitäten und der Sicherstellung ärztlich verordneter Leistungen zu unterstützen. Erbracht wird diese Unterstützung in der Regel im Rahmen eines ambulant betreuten Wohnens (siehe auch Modul Methoden).

Ambulant betreute Wohnmaßnahmen richten sich an Personen, die aufgrund ihrer Behinderung (vorübergehend) nicht mehr zu einer eigenständigen Lebensführung in der Lage sind, jedoch noch nicht so eingeschränkt sind, dass sie in einer „besonderen Wohnform“ betreut werden wollen/müssen (Bezirk Unterfranken, 2021, S. 1). Sie finden aufsuchend in einer betreuten Wohngemeinschaft von drei bis sechs gemeinschaftlich lebenden Personen oder einem betreuten Paar- oder Einzelwohnen in einer Wohnung des allgemeinen Wohnungsmarktes (eigene Eigentums- oder Mietwohnung) oder einer von einem Träger angemieteten Wohnung statt (ebd., S. 1). Inhaltlich definiert werden diese ambulant betreuten Wohnmaßnahmen durch regionale Richtlinien der jeweiligen Kostenträger. Der entsprechende Umfang der aufsuchenden Hilfe ergibt sich dabei aus dem Ergebnis der Bedarfsfeststellung (Teilhabe-/Gesamtplan) und dem daraus resultierenden Hilfebescheid des Kostenträgers in Form eines individuell festgelegten Betreuungsschlüssels oder in Fachleistungsstunden. Sofern eine leistungsberechtigte Person die Sachleistung des ambulant betreuten Wohnens nicht in Anspruch nehmen möchte, hat diese nach dem BTHG die Möglichkeit, eine inhaltlich äquivalente Leistung als „Persönliches Budget“ in Anspruch zu nehmen (§ 29 SGB IX).

Zudem gibt es seit Januar 2000 die Möglichkeit, eine vergleichbare aufsuchende Hilfe per ärztlicher Verordnung im Rahmen des § 37a SGB V als „ambulante Soziotherapie“ über einen bei der Krankenkasse anerkannten Leistungsanbieter zu beziehen. Diese ist auf Umfang und Dauer der Verordnung begrenzt und in der Regel nur in einem geringeren und zeitlich begrenzteren Stundenumfang möglich, dafür aber sehr hausbesuchszentriert. Aufgrund der relativ hohen Hürde der Zulassung und Anerkennung potenzieller Leistungserbringer durch die Krankenkassen und eines daraus resultierenden geringen Angebots spielt diese Hilfe jedoch in der Praxis bisher eine eher randständige Rolle (Wiesner et al., 2008).

1.4 Gesetzliche Grundlage in der ambulanten Krisenhilfe

Eine besondere und sehr niedrigschwellige Form der aufsuchenden Hilfe für Menschen in sozialen, emotionalen und seelischen Krisen stellt zudem die ambulante Krisenhilfe dar (Weinmann et al., 2021). In der Mehrzahl der Bundesländer wurden inzwischen niedrigschwellige und unbürokratische Krisendienste geschaffen, die teilweise ebenfalls aufsuchend tätig werden. Der Freistaat Bayern hat im Rahmen des Bayerischen Psychisch-Kranken-Hilfe-Gesetzes (Bay. PsychKHG) von 2019 erstmals auch eine verbindliche gesetzliche Grundlage für eine solche aufsuchende Krisendienstarbeit geschaffen. Der erste Teil („Hilfeteil") des Bay. PsychKHG verfolgt das Ziel der Verbesserung der psychiatrischen, psychotherapeutischen, psychosomatischen und psychosozialen Versorgung. In Art. 1 des Gesetzes wurde der flächendeckende Aufbau von Krisendiensten zum 01.07.2021 festgeschrieben. Diese Krisendienste werden über die bayerischen Regierungsbezirke aufgebaut und sind flächendeckend rund um die Uhr in Bayern kostenlos erreichbar. Das Gesetz sieht hier explizit auch aufsuchende Krisenhilfe vor Ort, das heißt auch im häuslichen Umfeld, vor. Besonders deutlich wird dies in Teil zwei, dem sogenannten Unterbringungsteil des Bay. PsychKGH, welcher das Ziel der Vermeidung und Verringerung von Unterbringungsmaßnahmen verfolgt. Dort heißt es in Art. 5 Abs. 2, dass eine Unterbringung nur angeordnet werden darf, „wenn sie nicht durch weniger einschneidende Mittel, insbesondere die Hinzuziehung eines Krisendienstes, verhindert werden kann" (Art. 5 Abs. 2 Bay. PsychKHG). Laut den Verwaltungsvorschriften zu Art. 5 haben Kreisverwaltungsbehörden und Polizei in Bayern demnach künftig die Verpflichtung, im Vorfeld einer öffentlich-rechtlichen Unterbringung die Krisendienste hinzuzuziehen, um die Notwendigkeit der Unterbringung beziehungsweise die Möglichkeit niedrigschwelliger Hilfsmaßnahmen abzuklären. In Abs. 2 wurde die aufsuchende Hilfe durch mobile Einsatzteams konkretisiert. Die Verwaltungsvorschriften sehen vor, dass in Fällen, in denen der Krisendienst hinzugezogen wird, die Leitstellen der Krisendienste auf Basis der gewonnenen Erkenntnisse vor Ort prüfen, ob die Möglichkeit und Notwendigkeit besteht, mobile Einsatzkräfte vor Ort zu entsenden, um ambulante Krisenintervention zu leisten und somit eine potenzielle Unterbringung zu verhindern (Verwaltungsvorschriften zur Umsetzung des Bay. PsychKHG). Die ambulanten aufsuchenden Fachkräfte dieser Krisendienste sind ausschließlich mit erfahrenen Personen der Berufsgruppen der Psychologie, der Sozialpädagogik und der Fachkrankenpflege für Psychiatrie zu besetzen (ebd.). Diese verbindliche Rechtsgrundlage für aufsuchende Krisenhilfe ist mit seinem Inkrafttreten 2018 (Teil 1) sowie 2019 (Teil 2) noch sehr neu und bisher auf den Freistaat Bayern beschränkt. Es bleibt abzuwarten, ob eine vergleichbare verbindliche Regelung in naher Zukunft auch auf weitere Bundesländer oder das gesamte Bundesgebiet gesetzlich ausgeweitet wird.

2 Hausbesuche als Aspekt der aufsuchenden psychosozialen Arbeit

Aufsuchende Soziale Arbeit ist ein besonderes Prinzip Sozialer Arbeit und ein Überbegriff für alle Interventionen und diagnostischen Maßnahmen, bei denen Klient*innen aktiv in deren Lebensumfeld aufgesucht werden. Prinzipiell sind zwei Bereiche aufsuchender Sozialer Arbeit zu unterscheiden: Kontakte im öffentlichen bzw. halböffentlichen Raum und solche in privaten Räumlichkeiten und Wohnungen der Klient*innen (Gut, 2022). Im ersten Fall handelt es sich um Streetwork, also die Kontaktgestaltung auf Straßen, Plätzen, in öffentlichen Gebäuden oder halböffentlichen Räumen, z. B. Gaststätten. Im zweiten Fall erfolgt die aufsuchende Soziale Arbeit als Hausbesuch, wobei die privaten Räume der Klient*innen betreten und genutzt werden. In beiden Situationen erfolgen Kontakt, Beratung, Unterstützung oder Begleitung vor Ort, in der Lebenswelt der Betroffenen, ohne dass diese dafür die Schwelle zu einem formellen Ort (Institution, Beratungsveranstaltung) übertreten müssen. In diesem Sinn ist aufsuchende Soziale Arbeit niedrigschwellig, da die gewohnten Lebensbezüge und -räume der Adressat*innen nicht verlassen werden müssen, der gewohnte und vertraute Ort beibehalten wird und damit Sicherheit und Orientierung erhalten bleiben. Dadurch, dass ein professionelles Angebot, z. B. Beratung oder Begleitung, zu den Klient*innen kommt, wird dennoch ein professionelles Setting geschaffen, da die Fachkraft nicht als neutrale Person in den privaten Räumen agiert, sondern als Vertreter*in einer Institution, als Teil eines Programms und damit als „offizielle Person". Vielleicht erinnern Sie sich an Hausbesuche durch die Hausärzt*innen (sic!) in Ihrer Kindheit, wenn Sie hoch fiebernd nicht in die Praxis gebracht werden konnten. Vor dem Hausbesuch wurden vielleicht Handtücher in der Toilette ausgetauscht und zusätzliche Reinigungsarbeiten in der Wohnung durchgeführt, denn: „Der Arzt kommt!" Ähnlich verhält es sich mit Hausbesuchen in der Sozialen Arbeit. „Hilfe, sie kommen!", so der Titel eines Klassikers zur aufsuchenden (systemischen) Arbeitsweise (Müller et al., 2011) beschreibt diese Dynamik treffend; Hausbesuche umfassen immer zwei Seiten, das Eindringen in den privaten Raum und das Näherbringen von Hilfe und Unterstützung vor Ort.

Damit findet sich auch im Kontext aufsuchender Sozialer Arbeit in Form von Hausbesuchen der doppelte Auftrag, das Doppelmandat jeder Sozialen Arbeit, da neben Unterstützungs- und Hilfeaspekten immer auch Kontrollaspekte betroffen sind. Reale Kontrollaufträge, wie z. B. im Rahmen der Bewährungshilfe, bestehen in der Notwendigkeit der Einschätzung, ob Bewährungsauflagen oder Weisungen im Rahmen der Führungsaufsicht (§ 68 StGB) eingehalten werden oder ob sich aus der konkreten Lebens- und Wohnsituation Hinweise für eine erhöhte Rückfallgefahr hinsichtlich neuer Straftaten ergeben. Die ambulante forensische Nachsorge für ehemals im Maßregelvollzug untergebrachte Patienten (§§ 63, 64 StGB) kann z. B. in begründeten Einzelfällen auch die Anordnung von Hausbesuchen auf Grundlage der Regelung in § 68b StGB umfassen. Die Betroffenen haben dann „die Durchführung von Hausbesuchen, auch ohne vorherige Ankündigung, zu erdulden" (ebd.). Ähnlich verbindlich verhält es sich im Arbeitsfeld der Kinder- und Jugendhilfe (SGB VIII), etwa wenn es im Rahmen einer Entscheidung zur Inobhutnahme von Kindern und Jugendlichen nach § 42 SGB VIII darum geht, die örtlichen und räumlichen Gegebenheiten oder das Verhalten der Erziehungspersonen hinsichtlich möglicher Gefährdungsaspekte einzuschätzen (Albrecht et al., 2016).

Im Vordergrund stehen bei Hausbesuchen als aufsuchenden Maßnahmen allerdings diagnostische und Unterstützungsaspekte: Welche Ressourcen liegen in der konkreten Lebenswelt vor, wie können diese genutzt werden, wie organisieren Klient*innen ihren Alltag, welche Bewältigungsformen sind zu erkennen, welcher Unterstützungsbedarf oder -wunsch ist daraus abzuleiten? Als direkte soziale diagnostische Maßnahme (siehe Modul Soziale Diagnostik) ergeben sich aus der Wahrnehmung und fachlichen Einschätzung wertvolle Hinweise, jenseits von Schilderungen der Klient*innen in einem neutralen Büro der Fachkraft. Hinweise auf örtliche Aspekte, soziale Unterstützungsmöglichkeiten, Fähigkeiten (die direkt beobachtbar sind), Zusammenhänge und Phänomene können direkt beobachtet und rückgemeldet werden, ohne dass Klient*innen diese erinnern, benennen und bewerten (können) müssen. In diesem Sinn handelt es sich bei Hausbesuchen um „friendly visitings" (Richmond, 1899), als Ansatz zur Erschließung und Nutzbarmachung von Möglichkeiten und Chancen, als Würdigung der Selbsthilfeansätze der Betroffenen und als fachliche Anerkennung der Lebensbewältigung im konkreten Alltag (siehe Abschnitt Theoretische Grundlagen).

Arbeitsprinzipien der aufsuchenden Sozialen Arbeit sind neben der Niedrigschwelligkeit vor allem die Freiwilligkeit von Hausbesuchen, wobei die Zustimmung der Betroffenen, wo immer das möglich ist, nachgefragt bzw. thematisiert werden sollte. Es geht um das Eintauchen (manchmal auch Eindringen) in die Lebenswelt der Klient*innen, was durch eine deutliche Zurückhaltung hinsichtlich fachlicher Einschätzungen und Bewertungen geprägt sein sollte. Die soziale Erfahrung eines Hausbesuchs muss von Offenheit hinsichtlich der Wahrnehmung bestehender Belastungen, Ressourcen und Bewältigungsansätze gekennzeichnet sein, die Selbstdeutungsmuster der Betroffenen anerkennen und respektieren und die biografischen Zusammenhänge der aktuellen Situation erschließen. In diesem Sinn orientieren sich Hausbesuche am „person in environment"-Konzept (Dorfman, 1996; Pauls, 2013), am Verständnis, dass individuelle und soziale Probleme und Belastungen aus der Gleichzeitigkeit personaler, sozialer und umgebungsbezogener Merkmale und Bedingungen resultieren, wobei die Verantwortung der Klient*innen für die eigene Lebens-, Problem- und Krankheitsbewältigung erhalten bleibt. Beim Hausbesuch werden diese Zusammenhänge als psychosoziale Phänomene, als Gleichzeitigkeit sozialer und psychischer Entstehungsursachen (Schwendter, 2000) sichtbar, direkt erlebbar und ermöglichen so die Chance eines unmittelbaren Zugangs hinsichtlich Bewertung und Intervention. Der Fokus eines Hausbesuchs liegt also auf den individuellen (Psyche, Verhalten) und den Umgebungsfaktoren (Verhältnisse), insbesondere aber auf dem Zusammenwirken dieser beiden Ebenen.

Das Fallverständnis, das diagnostische Vorgehen und die fachliche Intervention des person in environment drücken sich in den Fachbegriffen der „Sozialen Diagnose" (Salomon, 1926; 2004) und „Sozialen Therapie" (Schwendter, 2000) aus, sie umschreiben „die Einbettung des Menschen in vorgegebene, nachhaltig prägende Gesellschaftsverhältnisse" (Mühlum, Bartholomeyczik & Göpel, 1997, S. 193). Auf der Ebene des Individuums betreffen sie das Ziel der Lebensbewältigung, sind person-/verhaltensorientiert und finden ihre Bearbeitungsform im Case Work. Auf der gesellschaftlichen Ebene zielt Soziale Arbeit/Sozialtherapie auf Sozialintegration, die Handlungsorientierung ist sozialpolitisch und umfeldbezogen, der Arbeitsansatz liegt in der Gemeinwesenarbeit. Der Hausbesuch erlaubt einen Blick auf beide Ebenen, erschließt psychische und Verhaltensprobleme und vorhandene individuelle Ressourcen „im echten Leben".

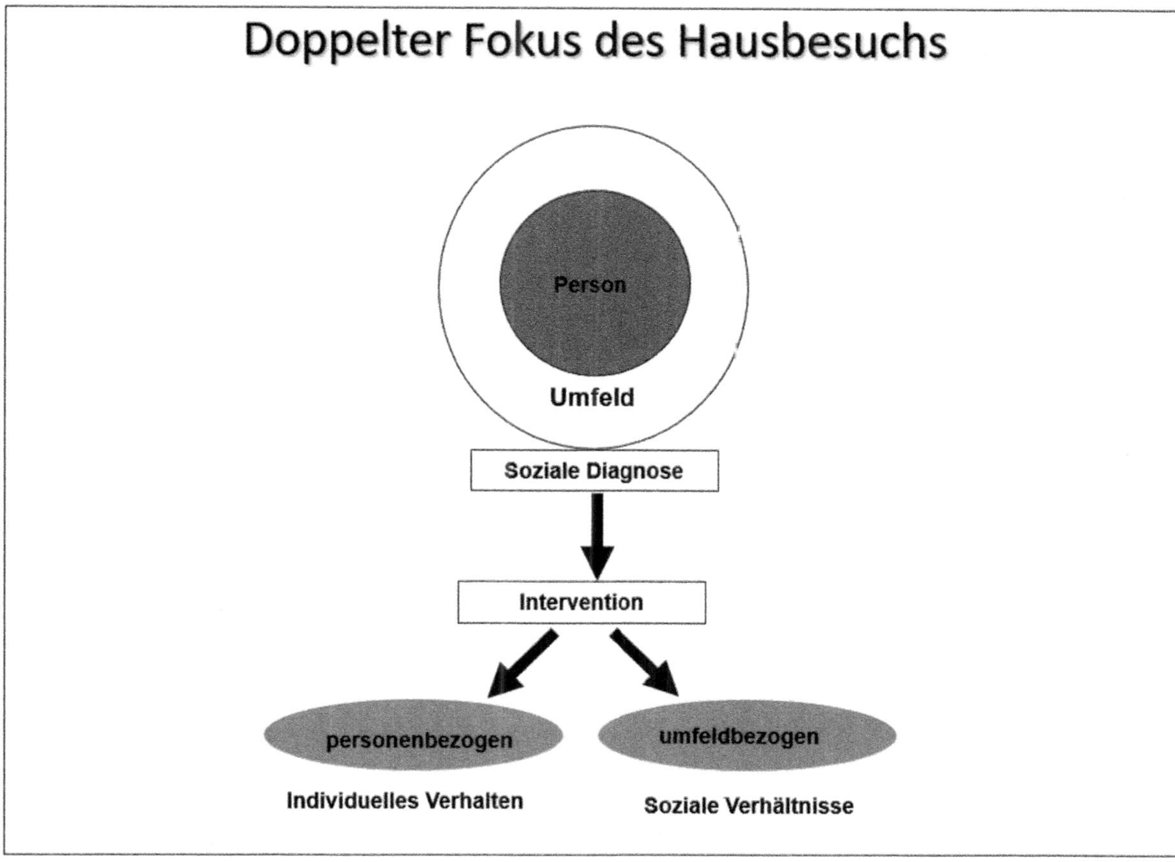

Abbildung 1: *Psychosozialer Ansatz des Hausbesuchs (in Anlehnung an Pauls, 2013)*

Die soziale Struktur wird durch konkrete Räume, Nachbarschaften, Quartiere oder die Infrastruktur sichtbar und für die Fachkräfte direkt erlebbar. Hausbesuche im psychosozialen Kontext erlauben fachliches Agieren jenseits institutioneller Regelungen und Bestimmungen, sie greifen vielmehr das konkrete Leben, den (mehr oder weniger) gelingenden Alltag auf und setzen an den Bewältigungsansätzen der Akteure an. Sicher ergeben sich auch im nicht aufsuchenden Kontext Ansätze zur Selbstbefähigung der Klient*innen, allerdings müssen diese meist in deren Alltag integriert oder auch „übersetzt" werden. Manchmal erfolgreich, manchmal weniger zielorientiert. Die Situation lässt sich in etwa mit dem Praxisunterricht einer Fahrschule vergleichen: Die Fahrschüler*innen agieren in Begleitung der Fahrlehrer*innen, profitieren von deren Begleitung und ständigen Rückmeldung, lenken das Fahrzeug jedoch weitgehend selbstständig. Die Verhaltensänderung ergibt sich schrittweise durch wiederholte Anwendung neuer Praxis, die allmählich zur Routine, zum sicheren Handeln wird. Hausbesuche sind auch die Ebene für professionelle Beratung und Case Management (siehe Modul Methoden), können direkt und problembezogen erfolgen und benötigen keine „Übersetzung in den Alltag". Entsprechend muss der Einsatz aufsuchender Interventionen als wirkmächtiges Instrument eingeschätzt werden, das direkt in der Lebenswelt der Betroffenen wirksam wird.

Das Zuhause, die eigene Wohnung der Klient*innen wird beim Hausbesuch als Interventions- und Hilferaum begriffen, Hausbesuche sind gezielte Intervention (Bräutigam et al.,

2022). Dabei ergeben sich Situationen und Erfahrungen, die direkt und unmittelbar („ungeschminkt“) sein können. Es kann dazu kommen, „Dinge zu sehen, zu hören oder zu riechen, die ihre persönlichen Grenzen unangenehm berühren oder verletzen, z. B. wenn Besuchte die Tür in Unterwäsche öffnen“ (ebd., S. 217). Dabei kann es stimmig erscheinen, solche Situationen zu thematisieren oder eben nicht direkt in der Situation anzusprechen, je nach Qualität der aktuellen Situation (Offenheit vs. Anspannung), Beziehungsstatus zwischen besuchter Person und Besucher*in (vertraut vs. fremd, stabil vs. instabil) und zeitlichem Rahmen (begrenzt vs. offen). Drei Strukturmerkmale lassen sich aus der aufsuchenden Hilfe selbst ableiten: die Unabgegrenztheit, die Alltagsnähe und überschreitende Expertenanfragen. Letzteres meint, dass Fachkräfte manchmal als „Alleskönner“ angesehen werden und für praktische oder komplexe Fragestellungen angefragt werden („Können Sie meinen Staubsauger reparieren?“, „Soll ich tatsächlich drei Blutdrucksenker nehmen?“). Unabgegrenztheit meint die weniger strukturierte Arbeitsumgebung beim Hausbesuch (etwa hinsichtlich auftretender Störungen, Settinggestaltung etc.), Alltagsnähe meint die oben beschriebenen Lebenspraxen, -verhältnisse, Lösungs- und Bewältigungsansätze der Klient*innen („Bitte ziehen Sie ihre Schuhe aus, das mache ich immer so, dann muss ich weniger putzen.“).

Als Nebenwirkung können Hausbesuche im psychosozialen Setting Angst und Fremdbestimmungsgefühle provozieren. Das Aufsuchen wird mitunter als Eindringen, als „Heimsuchung“ (Urban-Stahl, 2019, S. 252) in die Privatsphäre der Klient*innen eingeschätzt und kritisiert.

> Warum will die mich zu Hause besuchen? Was will der kontrollieren? Was soll da wohl als Konsequenz daraus folgen? Wollen die mir was verbieten oder mir meine Wohnung nehmen und mich ins Heim stecken? Machen die das bei allen Klient*innen oder nur bei mir? Die wollen wohl sehen, ob ich es auch hübsch sauber habe oder ob ich verwahrlose … (Gerull, 2014, S. 12)

Die Befürchtungen und Ängste vor dem Hausbesuch und dem/r Besucher*in können vielfältig sein, die Fachkraft kann als „Amtsperson“ wahrgenommen werden, die „mal nach dem rechten schaut“ – und dann entscheidet. Um solche Nebeneffekte nicht aufkommen zu lassen bzw. konstruktiv damit umzugehen, sind entsprechende Vereinbarungen notwendig, Inhalte müssen abgeklärt und Zielsetzungen eines Hausbesuchs definiert werden (Siehe Modul Zielklärung und Dokumentation). Die Bedürfnisse der Klient*innen können im Rahmen eines Hausbesuchs von den geplanten Inhalten und Zielen der Fachkräfte abweichen. Oft geht es einfach darum, dass jemand zu Besuch kommt, dass ein Gespräch über „ganz normale Themen“ möglich ist, dass man gemeinsam Kaffee trinkt. „Die Angst vor der Fremdbetreuung und die Bedeutung des Kaffeetrinkens“ im psychiatrischen ambulant betreuten Wohnen (Rosemann & Konrad, 2020) gilt für fast alle Arbeitsfelder der Sozialen Arbeit. Sich Zeit nehmen, Geschichten anhören, alltägliche Themen ausführlich besprechen, einfaches „Plaudern“ als menschliche Zuwendung ermöglichen fachliche Zugänge, die im Beratungsgespräch in der Dienststelle oft verborgen oder gänzlich unzugänglich sind. Vorhandene oder durch die Methode des Hausbesuchs ausgelöste Ängste, Selbstzweifel oder Insuffizienzgefühle können hier aufgegriffen werden, Aspekte wie Partizipation, Selbstbestimmung und gemeinsame Zielformulierung können konkret umgesetzt werden. Oft ist es eine Kaffeerunde, die über eine Dauer von einer Stunde und einem konzentrischen Kreisen um Alltagsthemen und thematische Abschweifungen im Setting eines Kaffeetisches zum „eigentlichen“ Thema führt, zu einer konkreten Problemstellung, zu einer offenen Frage zur Einschätzung des Hilfebedarfs und vor allem zur Definition zu Art und Umfang der vorhandenen Fähigkeiten, Ressourcen und konstruktiven Bewältigungsstrategien.

> Als eine große Hilfe der selbständigen Wohnform wurde von den Nutzerinnen und Nutzern immer wieder das Kaffeetrinken erwähnt. Es scheint eine Form der Vergemeinschaftung zu sein, welches viele Synonyme aufweist. ... Kaffeetrinken [hier in der konkreten Form von Hausbesuchen im Rahmen des Betreuten Wohnens, Anm. d. Verf.] beruht auf dem Prinzip einer Zeit des Miteinanders zwischen Betreuerin und Klientin, die geplant oder zufällig genommen wird. (Ebd., S. 127)

Die Klärung, ob ein solches Kaffeetrinken erfolgen soll bzw. darf, also ob die Fachkraft einen angebotenen Kaffee annimmt oder ausschlägt, sollte vor dem eigentlichen Termin stattfinden. Hausbesuche stellen ein starkes Medium, eine große Bühne für den Hilfekontakt dar. In diesem Raum braucht es kleinere Begegnungsformen wie z. B. das Kaffeetrinken, welche den förmlichen Charakter des Besuchs durchbrechen und ggf. auflösen können. Dieser Ansatz kann als Alltags- und Lebensweltorientierter Zugang im Alltag und in der Lebenswelt der Klient*innen, den Besuchten, verstanden werden, wobei es hier immer noch um bewusst gestaltete Abläufe und Prozesse und die Wahrnehmung der Situation als professionelles Geschehen geht. Kaffeetrinken wird von den Klient*innen oft als etwas nicht Zielgerichtetes wahrgenommen (ebd., S. 128), das aber dennoch eine fachliche Struktur und Zielsetzung beinhaltet. Auf der anderen Seite kann eine solche Intervention aber auch Anlass für Ausweichen und Verschweigen sein. Der „gepflegte Smalltalk“ kann einen Versuch darstellen, unangenehme Themen zu umgehen, oder ist Ausdruck einer unklaren Zielsetzung der Fachkraft. „Hauptsache die Zeit geht vorbei“ und es gab keine wahrnehmbaren Probleme – der Satz kann im ungünstigen Fall für Besuchte und Besucher*innen gelten.

Im Hintergrund aufsuchender Hilfen steht die individuelle, die personenzentrierte Hilfeplanung. Welche Bedarfe sind sichtbar, welche werden von der Fachkraft, welche von Klient*innen wahrgenommen, welche Schnittmenge gibt es dabei? Welche Zielsetzungen lassen sich formulieren, welche ersten Schritte, welches Fernziel? Das Modell personenzentrierter Hilfeplanung dient als Leitlinie, um Bedarfe und Ziele zu definieren und zu überprüfen. Die Kenntnis der realen Wohn- und Lebensbezüge stellt dabei einen unverzichtbaren Bestandteil zur gemeinsamen Falleinschätzung dar. Dazu gehört ein fachliches Prozessverständnis, die Wahrnehmung, Würdigung und Bewertung von Hilfeprozessen, die sich zumeist auch nicht im Rahmen eines einzelnen Hausbesuchs, sondern von wiederkehrenden, je nach Setting (etwa im „Betreuten Einzelwohnen“) regelmäßigen Kontakten in der Wohnung der Klient*innen angemessen umsetzen und bewältigen lassen. Die Intensität (Inhalte, Zielsetzungen und Frequenz) von Hausbesuchen hängt damit vom konkreten Setting und Auftrag des Hilfekontakts ab, von gelegentlichen Hausbesuchen der Bewährungshilfe bis zu mehreren Besuchen pro Woche im Rahmen des Ambulant betreuten Wohnens (Rosemann & Konrad, 2020) oder der ambulanten psychiatrischen Behandlung und psychiatrischen Krisenintervention zu Hause (Weinmann et al., 2021), und bedürfen in jedem Fall einer konkreten Absprache und Vereinbarung. Neuffer (2002) fordert eine fachliche Definition von Hausbesuchen als Teil eines Handlungskonzepts, vor allem mit Verweis auf das Doppelmandat Sozialer Arbeit (siehe Modul Ethik), welches „konzeptionell gelöst und bewältigt werden muss“ (ebd., S. 179). Denkt man diesen Ansatz weiter, bedarf es der Integration von Hausbesuchen in ein umfassendes ziel- und wirkungsorientiertes Handeln, wobei Hausbesuche als angemessene, notwendige oder aber auch als unangemessene, verzichtbare und möglicherweise schädigende Intervention reflektiert werden können (Gerull, 2014, S. 44).

Material 1: *Strukturmerkmale von Hausbesuchen*

- Unabgegrenztheit: Fachkräfte agieren beim Hausbesuch in einem nicht selbst strukturierten Setting. Es kann zu unvorhersehbaren Situationen und Störungen kommen (z. B. spontaner Besuch eines Nachbarn, die Kinder kommen nach Hause), die im konventionellen Setting eines Büros/einer Beratungsstelle geltenden Regelungen und Kommunikationsformen sind nicht direkt bzw. selbstverständlich anwendbar. Besondere soziale Situationen und Interaktionen bedürfen einer authentischen Beantwortung, z. B. wenn etwas zum Essen oder Kaffee angeboten wird oder der/die Besuchte selbstverständlich – in seiner Wohnung – anfängt zu rauchen oder das Fernsehgerät oder Radio einschält.
- Alltagsnähe: Die konkrete Lebensführung, der Umgang mit Anforderungen und Belastungen, die Gestaltung der Besuchssituation durch den/die Besuchten gibt Aufschluss über Fähigkeiten, Skills, Soziale Fähigkeiten, Situationswahrnehmung und -gestaltung, Spontanität und Kreativität, Umgang mit sozialen Konventionen und situativen Stressoren. Daraus ergeben sich Ansatzpunkte und Hinweise für die Soziale Diagnostik und Intervention (Soziale Therapie).
- Überschreitende Expertenanfragen: Fachkräfte werden mitunter als Alleskönner*innen wahrgenommen, die eigene Überforderung und Hilflosigkeit der Besuchten als Anlass für direkte Hilfeanfragen genutzt. Gegenstand solcher Anfragen und Bedarfe können kleinere Alltagsthemen (z. B. Bitte um Reparatur eines Haushaltsgegenstands), komplexere Fragestellungen (z. B. zu Erziehungsfragen und Umgang mit den Kindern) oder themenfremde Anfragen an die Fachkraft (z. B. zu Ernährungs- oder medizinischen Fragen) sein.
- Der Besuch in der Alltagswelt von Klient*innen bedarf alltagsnaher Kommunikationsformen, um den formellen Charakter eines offiziellen Besuchs modulieren zu können. Einfache Interaktionsformen wie Kaffeetrinken können den Zugang zu Personen und Themen erleichtern bzw. erst ermöglichen.
- Intensität und Frequenz von Hausbesuchen hängen vom konkreten Arbeitssetting und Arbeitsfeld ab, müssen individuell verhandelt und vereinbart werden.
- Hausbesuche müssen als Teil eines umfassenden Arbeitskonzeptes auf den Ebenen Ziel- und Wirkungsorientierung (angemessen/unangemessen) hinterfragt und eingeschätzt werden.

3 Theoretische Grundlagen

Der Hausbesuch in der Sozialen Arbeit bezeichnet eine aufsuchende Arbeit im privaten Umfeld der Klient*innen. Er findet also in einem wesentlichen (Teil-)Bereich ihrer sozialen Lebenswelt statt. Die eigene Wohnung ist als Privatsphäre verfassungsrechtlich geschützt in Art. 13 GG. Hausbesuche sind damit ein schwerwiegender Eingriff in den privaten Raum, was die Begründung der Notwendigkeit dieser Intervention und deren Herleitung aus den theoretischen fachwissenschaftlichen Grundlagen erfordert. Konzepte der Sozialen Arbeit orientieren sich grundsätzlich an den alltäglichen Handlungs- und Deutungsmustern ihrer Adressat*innen, an ihren spezifischen Bewältigungsanstrengungen und -formen sowie an ihren sozialen Bezügen und Strukturen. Zwei theoretische Perspektiven sind die Lebensweltorientierung und die Sozialraumorientierung, die eine Herangehensweise, eine Verstehensbasis für die konkreten Lebensbezüge und -formen darstellen. Der Lebensraum „Wohnung" als Begriff, der das Leben im privaten Raum erfasst, weist eine Reihe von Besonderheiten, Strukturen, Chancen und Belastungen auf, das Leben dort fordert spezifische Bewältigungsstrategien der dort lebenden Menschen. Dies zu erkennen und zuordnen zu können ist eine wesentliche Grundlage, um mit den Menschen in dieser Lebenswelt, in diesem Sozialraum arbeiten zu können und die Notwendigkeit aufsuchender Sozialer Arbeit zu begründen. Im Folgenden werden die beiden Konzepte Lebenswelt- und Sozialraumorientierung im Überblick dargestellt.

3.1 Lebensweltorientierung und Sozialraumorientierung

Lebensweltorientierung meint, dass der Ansatzpunkt jeder Sozialen Arbeit in den alltäglichen Routinen, Handlungsmustern und Bedeutungszuschreibungen der Adressat*innen und in ihren spezifischen Bewältigungsansätzen und -verhaltensweisen liegt. Weiter wird dieser Alltag in Bezug auf seine Stärken, Ressourcen und Probleme wahrgenommen. Im Vordergrund stehen dabei Überlegungen zur sozialen Gerechtigkeit und allgemeinen Menschenrechten. Der Fokus liegt auf einem „gelingenden Alltag", der entsprechend verändert, stabilisiert und strukturiert werden soll. Auf diesen beiden Grundlagen liegen die Ansatzpunkte für eine sozialwissenschaftliche Entwicklung von Konzepten, Methoden und Institutionen, wobei die Perspektive der Adressat*innen, deren Eigensinn und konkrete Lebenspraxis stets wesentlicher Bestandteil ist (Grunwald & Thiersch, 2016, S. 24). Diagnostisch (siehe Modul Soziale Diagnostik) kann die Lebenswelt von Adressat*innen durch Instrumente erfasst werden, welche die soziale Situation, die Kontakte zu Personen und Institutionen darstellen, z. B. Netzwerkkarten (Pantuček-Eisenbacher, 2019, S. 187f.) oder die Eco-Map (ebd., S. 218f.).

Fallbeispiel Teil 1: Jens hat vor zwei Jahren seine Arbeit verloren, davor war er längere Zeit in Teilzeit beschäftigt. Seine Ehe war damals bereits geschieden, seine Frau hatte ihn verlassen, seitdem hat er auch keinen Kontakt zu seinen beiden Kindern. Jens hatte in der Phase der Arbeitslosigkeit begonnen, regelmäßig Alkohol zu trinken. „Immer nur Wein, keine harten Sachen. Davon halt reichlich." Er hat sich nicht mehr um seine Angelegenheiten gekümmert, fühlte sich verlassen, ohnmächtig und ohne Perspektive. „Als dann der Job weg war, wusste ich nicht, was ich machen soll. Ich hatte nichts mehr, kein Geld, keine Kontakte, keine Struktur." Nach und nach hat Jens Gegenstände aus seiner Wohnung verkauft, später dann auch Möbel. Er schläft auf einer Matratze auf dem Boden, seine Mahlzeiten nimmt er an einem Campingtisch ein, den er auf dem Sperrmüll gefunden hat. Er lebt von Flaschenpfand, die Flaschen findet er in Mülleimern oder auf der Straße. „Da liegt richtig Geld auf der Straße. Die Leute werfen die Pfandflaschen einfach so weg. An manchen Tagen hab' ich dadurch zehn Euro." Am Spätnachmittag sitzt er am Ausgang des Bahnhofs und bettelt. „Wenn die von der Arbeit kommen, sind sie spendabler. Morgens kommt kaum was zusammen, da wollen alle nur schnell auf Arbeit. Wenn sie zurückkommen, sind sie großzügiger. Vielleicht auch, weil sie wissen, ich hab' eine Arbeit, der da aber nicht." Jens hält sich nicht gerne in seiner Wohnung auf. „Zum Schlafen ist es okay, aber sonst, da ist ja nichts. Den Fernseher hab' ich ins Leihhaus gegeben, das war früher mal ein tolles Gerät. Hat mir 80 Euro gebracht. Leute lade ich keine ein, das ist zu ärmlich und auch zu klein. Ich habe ja nur das eine Zimmer, $4m^2$ Küche und $3m^2$ Bad." Die Wäsche wäscht er im „billigsten Waschsalon westlich der Elbe", eine eigene Waschmaschine besitzt er nicht. Die Perspektive eines neuen Jobs und einer besseren Wohnung hat Jens erst einmal aufgegeben: „Es läuft doch so, ich hab' doch sonst alles, was ich brauche, mit dem Geld komme ich meistens hin. Ich muss mich nicht herumärgern, im Job, mit 'ner Frau, mit sogenannten Freunden. Ich hab' meine Ruhe, außer die Polizei nervt mich, wenn ich am Bahnhof bin."

Die lebensweltlichen Bezüge von Jens sind durch ein Leben am Rand der Gesellschaft gekennzeichnet. Er ernährt sich von dem, was die Gesellschaft wegwirft oder ihm als Almosen abgibt. Er hat sich in dieser Lebenswelt eingerichtet, kommt mit den für ihn erreichbaren Möglichkeiten zurecht. Diese Lebensform ist für ihn akzeptabel. Die Verlusterfahrungen (Arbeit, Beziehung, Einkommen) haben ihn geprägt, er will „seine Ruhe", die er mit dieser Lebensform für sich gefunden hat. „Ich mache mein Ding, ganz für mich alleine." Sein Leben zeigt, von außen betrachtet, einen entwurzelten, enttäuschten, sozial nicht integrierten Menschen, der in Armut lebt. In der Eigenwahrnehmung hat Jens „alles, was ich brauche". Vor allem das Erleben von Ruhe und Unabhängigkeit sind in seiner Wahrnehmung, in seinem Erleben hohe Güter. Die Lebenspraxis bestätigt ihn zudem: „Es läuft ja." Seine psychischen Probleme haben allerdings in den letzten Jahren zugenommen, auch der Alkoholkonsum.

Fallbeispiel Teil 2: Beim Betteln hat Jens einen Mitarbeiter des Sozialpsychiatrischen Dienstes kennengelernt. Mit dem hat er sich ein paar Mal unterhalten und erfahren, dass er Anspruch auf persönliche Hilfen hat. Die Einladung zu einem Gespräch in der Dienststelle hat er lange nicht angenommen. Einmal war er dann doch dort, hat einen Antrag ausgefüllt und der Sozialarbeiter hat ihm vorgeschlagen, ihn einmal zu Hause zu besuchen und sich die Situation anzusehen. „Der ist dann wirklich gekommen. Mein erster Besuch seit Jahren. Der saß am Campingtisch auf dem einzigen Stuhl und ich auf der Bettkante. Das war ein komisches Gefühl, aber der hat so gewirkt, als ob das normal wäre." Beim Besuch des Sozialarbeiters fällt auf, dass Jens die Miete kaum zahlen kann, er war mehrfach im Zahlungsrückstand, die Kündigung wurde ihm bereits angedroht. Jens wollte das Thema „eigentlich nicht ansprechen, zu peinlich". Die gezielten Nachfragen und Überlegungen des Sozialarbeiters haben ihn dann aber doch Vertrauen fassen lassen: „Der hat gesagt, dass das in meinem Viertel öfters vorkommt, dass Leute die Miete nicht stemmen können und dann manchmal auch auf der Straße landen. Er kenne da Möglichkeiten, das zu verhindern, und dass der Erhalt der Wohnung extrem wichtig sei, er schon öfter Leuten habe helfen können."

Sozialraumorientierung bezeichnet eine konzeptionelle Ausrichtung Sozialer Arbeit die nicht auf die Entwicklung oder Veränderung von (einzelnen) Menschen gerichtet ist, deren Gewohnheiten oder Kommunikationsformen fokussiert, sondern auf konkrete Verbesserungen der Lebensbedingungen der Wohnbevölkerung in einem Stadteilt, einem Wohnquartier oder einem definierten öffentlichen sozialen Raum (Galuske, 2013, S. 300f.). Historisch ist vor allem ab den 1990er-Jahren ein verstärktes Interesse an sozialräumlich orientierten Handlungsansätzen zu verzeichnen, bekannt geworden ist u. a. das Programm „Soziale Stadt" (BMI, 2015), welches Stadtteile mit besonderem Entwicklungsbedarf identifizierte und sich an der Verbesserung der Lebensbedingungen von Menschen orientierte. Gegenstand des Projekts sind Ansätze der städtebaulichen Entwicklung, die historische Dimension von Städten und Stadtteilen, die Ausstattung und Nutzungsstruktur, vor allem aber die Sicht der Bewohner*innen.

Diagnostisch kommen Ansätze der Sozialraumanalyse zum Einsatz, z. B. das „SONI-Schema" (Röh, 2018), ein diagnostisches Verfahren, das die Ebenen Sozialstruktur, Organisation, Netzwerk und Individuum erfasst und die formale, soziale, institutionelle und gesellschaftliche Struktur und Einbettung von sozialen Räumen erfasst. Mithilfe dieses Schemas können soziale, räumliche und individuelle Aspekte übersichtsartig erfasst werden.

Menschen, die in den Quartieren in unzulänglichen Wohnungen oder ganz bzw. teilweise auf der Straße lebten, also von sozialer Ungleichheit, Ungerechtigkeit, Armut etc. besonders betroffen waren, wurden in diesen Ansätzen lange nicht wahrgenommen. Erst viel später, ab Mitte der 2010er-Jahre finden sich Ansätze zu einer gemeinwesen- bzw. sozialraumorientierten Arbeit mit marginalisierten Bevölkerungsgruppen, z. B. die „Selbstvertretung Wohnungsloser" in Freistatt oder der Osnabrücker Straßenchor „Abseits". Ziel dieser Initiativen ist, die Gruppe der auf der Straße lebenden Menschen sichtbar (bzw. hörbar) zu machen, ökonomische Hilfen zu optimieren, Selbsthilfe zu befördern, die medizinische Versorgung sicherzustellen sowie die Konfliktlösung zwischen den sozialen Bevölkerungsgruppen zu begleiten und zu fördern (Martinez, 2021, S. 254f.). Diese Angebote stehen von Wohnungslosigkeit betroffenen Personen offen.

Tabelle 1: *SONI-Schema zur Erfassung der Sozialstruktur, Organisationsebene, der Netzwerke und der Individualebene (eigene Darstellung)*

Systemebene Interventionen als Steuerung des Hilfesystems und der dortigen Bedingungen	**Sozialstruktur** Kommunalpolitik, Stadtteilpolitik, Interessensvertretung (z. B. Obdachlosengremium) **Aktivierung und Beteiligung:** Erschließen politischer und ethischer Ressourcen, keine Individualisierung sozialer Probleme	**Organisation** (Hilfesystem) **Sozialräumliche Steuerung** Erschließung institutioneller Ressourcen unter der Zielrichtung Flexibilisierung und Demokratisierung statt Vereinheitlichung, z. B. durch Obdachlosenrat, der mit dem Sozialamt gemeinsame Besprechungen und/oder Sprechstunden abhält
Lebensweltebene Interventionen als Interaktionen mit Adressat*innen und deren Umwelt	**Netzwerk** (im Gemeinwesen) **Fallunspezifische Arbeit** Erschließung sozialer Ressourcen (z. B. Nachbarschaftshilfe, Obdachlosenbasar, Kulturprojekte, Kooperation mit den staatlichen und freien Trägern)	**Individuum** (Fallarbeit) **Stärkemodell:** Erschließung individueller Ressourcen, Orientierung an der Selbsteinschätzung und der durch die Betroffenen wahrgenommenen Bedarfslage (z. B. Straßenambulanz anstatt Klinikbehandlung)

3.2 Lebensbewältigung

Gegenstand der Theorie und Praxis der Sozialen Arbeit ist das Soziale, meist in Form spezifischer Kommunikationsphänomene, vor allem als individuelle und soziale Problemlagen, Entwicklungsaufgaben, Bildungsprozesse, Übergangsphänomene oder besondere Lebenslagen. Dabei stehen der konkrete Alltag, die Handlungsweisen, die Routinen und die Ansätze zur Bewältigung von Aufgaben, Anforderungen, Schwierigkeiten oder Problemen der Klientel im Mittelpunkt. Wie verhalten sich Menschen konkret, um ihr Leben im Sinn eines – mehr oder weniger – gelingenden Alltags zu führen. Welche Strategien wenden sie an, wie bewerten sie ihre eigenen Handlungsweisen und wie zufrieden sind sie mit ihrer aktuellen Lebenssituation? Diese individuellen Handlungsprozesse und Bedeutungszuschreibungen werden in der Sozialen Arbeit in handlungstheoretischen Ansätzen zusammengefasst und bilden eine Basis für das Fallverstehen, die Interventionsplanung und die Erfolgsmessung in allen Arbeitsfeldern, so auch in der Streetwork.

Der Lebensbewältigungsansatz wurde von Lothar Böhnisch (2019) als Ergebnis seiner Auseinandersetzung mit dem Konzept der Lebensweltorientierung von Hans Thiersch (2012) (s. o.) entwickelt und für eine Reihe von Fragestellungen und Arbeitsfeldern

(Stecklina & Wienforth, 2020) ausformuliert. Grundlage des Ansatzes ist ein sozialpolitisch begründetes Paradigma Sozialer Arbeit. Beispielsweise wird für die Adressat*innen Sozialer Arbeit im Rahmen aufsuchender Kontakte nicht ausschließlich deren individuelles Schicksal, deren Lebensweg, deren Handlungsmöglichkeiten (oft als Versagen bewertet) betrachtet, sondern die gesellschaftlichen Strukturen, welche z. B. für benachteiligte Personen und Gruppen eine Gefährdung i. S. von Armut, schlechtem Gesundheitsstatus, ungünstiger Bildungssituation, Ausschluss von Hilfeprogrammen und -systemen mit sich bringen. Die individuelle Lebensbewältigung ist also in Auseinandersetzung des Individuums mit der gesellschaftlichen Realität zu sehen. Diese ist durch Wachstum, Flexibilität, Wettbewerb etc. gekennzeichnet und begünstigt strukturell verursachte Prozesse („Abwärtsspirale") bei den Benachteiligten. Böhnisch kombiniert sozialwissenschaftliche Diagnosen zum sozial-strukturellen Krisengeschehen mit der psychodynamischen Diagnose der Anpassungs- und Bewältigungsleistung von Individuen. Er fragt also nach den realen Verhaltensmöglichkeiten eines Menschen in einer konkreten sozialen bzw. gesellschaftlichen Situation. Dabei spielen Ressourcenlage, Handlungsmöglichkeiten (skills) und konkrete Lebensumstände bzw. -ereignisse eine zentrale Rolle. Als *Handlungsebenen* werden entsprechend benannt:

- Die gesellschaftliche Ebene (gesellschaftliche Strukturen problematisieren, um die individuelle Problemstruktur zu erkennen; sozialpolitische und sozialethische Diskursbeteiligung),
- die fachliche Ebene (Entwicklung von Interventionsperspektiven und Hilfeformen) und
- die adressatenbezogene Ebene (Hilfe bei der Bewältigung von Lebenssituationen).

Zentraler Bezugspunkt des Konzepts ist die *Handlungsfähigkeit* des Individuums, die von Böhnisch als fortwährender Anpassungsprozess an die verschiedenen Konstellationen und Situationen verstanden wird. Handlungsfähigkeit meint hier das Erleben von Selbstwirksamkeit, die Erfahrung von Stabilisierung und (sozialer) Anerkennung, hat also eine personale und interpersonale Ebene. Je nachdem, welche Handlungsaspekte ausgeübt werden, unterscheidet das Konzept die Formen regressiver Handlungsfähigkeit (Rückgriff auf archaisch anmutende, nicht dem aktuellen Entwicklungsstand entsprechende Handlungsmuster), einfache, sozial verträgliche und subjektiv befriedigende Alltagsorganisation und erweiterte Handlungsfähigkeit: Selbstbestimmtes, aktives, flexibles und vorausschauendes sich Einbringen in soziale Kontexte (Böhnisch, 2019, S. 112).

Im Rahmen von Hausbesuchen geht es dabei um das Verständnis von auslösenden Lebenskrisen (z. B. Trennung, Verlust, Krankheit) und die sich daraus ergebenden Ressourcenverlustspiralen, d. h. das stufenweise Wegbrechen ehemals vorhandener Ressourcen und Fähigkeiten, die den Betroffenen nicht mehr zur Verfügung stehen und durch neue (ungewöhnliche, notfallmäßig angeeignete, oft dysfunktionale) Verhaltensweisen ersetzt werden. Diese neuen Verhaltensformen dienen vor allem der Eigenwahrnehmung der Betroffenen, weiter handlungsfähig zu sein, Selbstwertverlust zu vermeiden und handelnd ein Mindestmaß an Selbstwirksamkeitserleben zu ermöglichen. Nach Böhnisch wird dieses neue individuelle Handeln, z. B. das Sammeln von Gegenständen und Müll in der eigenen Wohnung, dann zum Gegenstand Sozialer Arbeit, wenn es in dysfunktionaler Form zu weiteren Problemen führt. Diese Problemlagen können individueller (Not, Krankheit, psychische Probleme, Sucht etc.) oder sozialer Natur sein (Problemwahrnehmung durch Gesellschaft, Polizei etc.).

Abbildung 2: *Der Lebensbewältigungsansatz (in Anlehnung an Böhnisch, 2008)*

Der Lebensbewältigungsansatz erlaubt die gleichzeitige Wahrnehmung sozialstruktureller Phänomene (z. B. Wettbewerbsgesellschaft) sowie individueller Reaktions- und Verhaltensmuster (emotional, kognitiv, handelnd).

Auf die Praxis bezogen können aus dem Lebensbewältigungsansatz konkrete Fragestellungen entwickelt werden, die bei ganz unterschiedlichen Problemlagen (z. B. Pflegebedürftigkeit und fraglicher Übergang ins Heim, drohender Wohnungsverlust, Messi-Problematik etc.) angewandt werden können. Böhnisch (2008) schlägt vor, die Situation danach zu beurteilen, ob Bewältigungsaufforderungen (Entwicklungsaufgaben, Gestaltung von Übergängen, Umgang mit vorübergehenden oder chronischen Belastungen und Einschränkungen) und die verfügbaren Bewältigungspotenziale greifen. Zur Einschätzung beim

Hausbesuch kommt es auf die Beantwortung dieser Fragen durch den/die Klient*in und die Fachkraft an:

Bewältigungsorientierte Fragen:
- Liegt den subjektiven Deutungen zufolge eine kritische Lebenssituation vor?
- Sind Routinen irritiert?
- Greifen Muster nicht mehr?
- Ist die soziale Integration oder biografische Handlungsfähigkeit bedroht?
- Besteht Selbstwertverlust (eine Person kann wichtige Prozesse nicht mehr beeinflussen, initiieren oder mitsteuern)?
- Besteht soziale Orientierungslosigkeit?
- Fehlt es an sozialem Rückhalt?
- Kam es – wiederholt – zu Erfahrungen von Handlungsunfähigkeit?
- Wie wird die Handlungsfähigkeit in diesem Prozess aufrechterhalten, zurückerlangt bzw. wiederhergestellt?
- Welche Ressourcen kommen zum Tragen und welche Begrenzungen werden deutlich?

Da das Selbsterleben und die dadurch generierten Selbstdeutungsmuster der Betroffenen („Es ist doch alles okay bei mir, ich habe doch gar kein Problem.“) oft nicht mit externen Bewertungen übereinstimmen, braucht es einen fachlich-distanzierten Blick auf die realen Lebensverhältnisse. Beim Hausbesuch sind die Verhältnisse, in denen ein Mensch lebt, real zu sehen, zu erkennen und werden nicht durch die Schilderungen und Erklärungsansätze dieser Person, z. B. im Anamnesegespräch in einem neutralen Büro, beeinflusst. Die Konstruktion kognitiver Umdeutungen durch Klient*innen kann bei Kontakten in deren Lebensraum leichter erkannt und bearbeitet werden, womit dem Hausbesuch diagnostische und intervenierende Aufgaben zufallen.

3.3 Lebenslagekonzept

Das Lebenslagekonzept wurde vor über hundert Jahren von Otto Neurath (1909) entwickelt. Beschrieben wurde die Mehrdimensionalität der Lebensumstände und deren Wirkung auf eine Person. Die Lebenslage ist die Summe aller Umstände der gegenwärtigen und anhaltenden Wirkfaktoren und in diesem Zusammenhang stehenden Verhaltensweisen eines Menschen. Dieses Konzept wurde früh durch die Soziale Arbeit adaptiert und weiterentwickelt (z. B. Engels, 2006). Es stellt einen Grundpfeiler der Fallkonstruktion in der Sozialen Arbeit dar und ist Basis für alle Formen diagnostischen Fallverstehens.

Bei Hausbesuchen treffen wir oft auf marginalisierte Menschen, welche die Möglichkeit einer eigenständigen Durchsetzung ihrer Interessen und Bedürfnisse, die Gestaltung ihres Lebensraums, ihre sozialen Kontakte und Beziehungen nicht mehr in einem angemessenen Umfang realisieren können. Die Lebenslage bezeichnet den äußeren Raum, die äußeren Bedingungen, die das Leben von Individuen und Gruppen beeinflussen. Diese Lebensbedingungen, bezogen auf einen definierten Lebensort und eine zeitliche Phase, bilden den Handlungsspielraum, den eine Person nutzen kann, um Interessen zu realisieren, Bedürfnisse umzusetzen, Fähigkeiten zu entwickeln. Diese – in jedem Einzelfall spezifische –

Einbindung einer Person in ihre konkrete sozioökonomische, soziohistorische und soziokulturelle Umgebung – mit den dort bestehenden sozialen Beziehungen – ist ihre Lebenslage (Engels, 2006).

Ausgehend von dieser Definition ist der Mensch in mehrere Teilsysteme der Gesellschaft eingebunden, z. B. in das Bildungssystem, Erwerbssystem, Gesundheitssystem, lokale Nachbarschaften, familiäre Systeme und Freundschaftssysteme. Adressat*innen aufsuchender Sozialer Arbeit weisen überproportional Defizite in der Zugehörigkeit zu den einzelnen Teilsystemen auf. Stattdessen bilden sie häufig eigene Subsysteme, die neben den gesellschaftlich definierten Systemebenen existieren. Das Verständnis der konkreten Lebensräume und Lebenslage bildet die Basis für jeden Kontakt im Rahmen von Hausbesuchen. Um z. B. Hilfe anbieten zu können, Integrationsversuche zu unternehmen, Vermittlung zu anderen Hilfesystemen zu realisieren oder gar langfristige Perspektiven zu entwickeln, ist die Kenntnis der gegenwärtigen Lebenslage der zentrale Ausgangspunkt. Zu welchen Teilsystemen besteht (noch) Kontakt bzw. kann von Einbindung gesprochen werden? Welche sozialen Kontakte bestehen? Welche Fähigkeiten liegen vor? Welche psychischen Reaktionsformen dominieren? Welche Beeinträchtigungen bestehen? Welche Selbstlösungsversuche wurden und werden unternommen? Welche Verhaltensweisen führen zu sozialen Konflikten? In diesem Sinn ergibt sich ein mehrdimensionales Verständnis der aktuellen Lebenslage eines Menschen und bleibt nicht zentriert und eingeschränkt bei einem einzelnen Phänomen, wie z. B. „Herr B. lebt in einer vermüllten Wohnung“ oder „D. betreibt Drogenhandel in der eigenen Wohnung“.

4 Der Hausbesuch in einem exemplarischen Fallbeispiel

In diesem Kapitel wird der sozialpädagogische Hausbesuch exemplarisch für das Arbeitsfeld des Sozialpsychiatrischen Dienstes für Menschen mit psychischen Erkrankungen anhand des Fallbeispiels von Herrn Z. dargestellt. Dabei sollen praktische Abläufe und Arbeitsschritte, die im späteren Modulteil vorgestellt werden, für einen konkreten Praxisfall durchdekliniert werden. Der hier vorgestellte Fall stellt den Hausbesuch beispielhaft nur aus Sicht des Arbeitsfeldes Sozialpsychiatrie dar. Es ist an dieser Stelle wichtig zu betonen, dass der aufsuchende Hausbesuch – wie eingangs bereits beschrieben – auch in anderen Arbeitsfeldern wie der Jugendhilfe, der Frühpädagogik, der Bewährungshilfe und vielen weiteren Tätigkeitsbereichen vorkommt. Diese haben mitunter eigene – sich von diesem Fallbeispiel unterscheidende – Aufträge und hierdurch auch andere Schwerpunkte innerhalb der einzelnen Schritte des Hausbesuchs.

Fallbeispiel: Herr Z. ist 47 Jahre alt und leidet an einer bipolaren Störung mit depressiven und manischen Phasen. Er nimmt aktuell keine Medikamente ein und befindet sich nicht in fachärztlicher oder psychotherapeutischer Behandlung. Aktuell erlebt er eine manische Phase und zeigt derzeit keine Krankheitseinsicht. Er wurde bereits seit mehreren Jahren in unregelmäßigen Abständen durch den sozialpsychiatrischen Dienst (SPDI) in Komm-Struktur betreut. Er meldet sich bei seiner zuständigen Fachkraft, da seine (krankheitsbedingt unrealistischen) Anträge auf Unterstützung im Rahmen der Eingliederungshilfe abgelehnt wurden. Herr Z. wirkt am Telefon aufgebracht und teils aggressiv und zeigt sich nicht compliant. Sein Anliegen ist es, den abgelehnten Antrag bewilligt zu bekommen, denn er benötige dieses Geld, um seine Liste von „62 Projekten" umsetzen zu können (unter anderem die Entwicklung eines neuen E-Bikes sowie die Ausstellung seiner selbstgemalten Bilder in einer Galerie).

Die Mitarbeitenden schlagen einen Hausbesuch zur Klärung seiner aktuellen Lebenssituation und Bedarfsermittlung vor. Herr Z. stimmt dem zu. Da er am Telefon keine Krankheitseinsicht zeigt und verbal aggressiv ist, wurde entschieden, den Hausbesuch mit zwei Fachkräften im Tandem durchzuführen. Der Termin wird in der Teamsitzung vorbesprochen. In der Beratungsstelle werden der Termin und die Adresse von Herrn Z. hinterlegt für den Fall, dass es zu Schwierigkeiten während des Termins kommt. Die Mitarbeitenden besuchen Herrn Z. in seiner Wohnung. Er öffnet freundlich und lässt die Fachkräfte eintreten. Es wurde zuvor angekündigt, dass die Fachkräfte zu zweit kommen. Die Mitarbeitenden orientierten sich zunächst in der Wohnung. Die Wohnung ist unaufgeräumt und schlecht gelüftet, aber nicht verwahrlost. Das Gespräch findet in der Küche statt. Neben Herrn Z. ist seine ebenfalls psychisch erkrankte Lebensgefährtin anwesend, die jedoch nicht bei ihm lebt. Herr Z. wirkt angespannt und unruhig, wird verbal immer wieder sehr laut, bleibt dabei aber freundlich. Die Lebensgefährtin bleibt während des Gesprächs sehr ruhig und wirkt durch die aktuelle Verfassung von Herrn Z. teilweise eingeschüchtert. Die Mitarbeitenden versichern sich zunächst, dass keine gefährlichen Gegenstände oder Tiere in der Wohnung anwesend sind. Sie achten darauf, in der Küche so zu sitzen, dass der Fluchtweg aus der Wohnung für sie jederzeit frei ist. Die Küche ist ebenfalls unaufgeräumt und es steht viel benutztes Geschirr herum. Die Frage, ob sie einen Kaffee möchten, lehnen sie höflich mit dem Hinweis ab, gerade vor dem Termin Mittagspause gemacht zu haben. Sie laden Herrn Z. und seine Partnerin allerdings ein, dass sie selbst während des Termins gerne einen Kaffee trinken können.

Herr Z. bleibt während des Termins nicht sitzen. Stattdessen geht er immer wieder in der Küche auf und ab. Die Mitarbeitenden erklären Herrn Z. zunächst in Ruhe und verständlich, weshalb sein gestellter Antrag in dieser Form nicht genehmigt wurde. Sie erklären ihm außerdem, welchen Leistungsanspruch er aktuell hat. Herr Z. will die Ablehnung des Antrags nicht einsehen und wird immer wieder aufgebracht und laut. Teilweise wird er auch verbal beleidigend, aber nicht physisch aggressiv. Auf Hinweise bezüglich seiner Erkrankung reagiert er sofort ablehnend. Deshalb wird die Erkrankung im Gespräch zunächst ausgeklammert. Die Mitarbeitenden erfragen die derzeitige Lebenssituation und gehen dabei diagnostisch unter Verwendung einer Netzwerkkarte und eines ICF basierten Bedarfserhebungsbogens auch darauf ein, welches soziale Stützsystem Herr Z. aktuell hat und wie er in den verschiedenen Lebensbereichen zurechtkommt.[3] Seine Lebenspartnerin wird währenddessen immer wieder fremdanamnestisch einbezogen. Es kristallisiert sich heraus, dass Herr Z. außer seiner Partnerin sowie einem Nachbarn, mit dem er regelmäßig spricht, sozial sehr isoliert ist. Im Hinblick auf seine psychische Verfassung besteht keine Krankheitseinsicht. Die finanzielle Situation von Herrn Z. ist aktuell schwierig, da er von ALG II lebt und während seiner Manie viele Ausgaben getätigt hat, die seinen finanziellen Rahmen übersteigen. Herr Z. sieht das als Investition in seine „Projekte", von welchen er sich bald einen finanziellen Gewinn verspricht. Das Verhältnis zu seiner Partnerin ist aktuell angespannt, da ihn diese immer wieder drängt, psychiatrische Hilfe in Anspruch zu nehmen, was er jedoch klar ablehnt. Den Haushalt und die Selbstversorgung vernachlässigt er zunehmend, was durch den visuellen Eindruck der Fachkräfte aus der Wohnung auch bestätigt wird.

Der Verlauf des Gesprächs bleibt angespannt. Herr Z. reagiert immer wieder aufgebracht und verbal aggressiv. Er zeigt jedoch keine klar erkennbaren, akuten selbst- oder fremdgefährdenden Tendenzen. Von Suizidalität kann er sich glaubhaft distanzieren. Dies wird durch die Fachkräfte vor Ort unter Zuhilfenahme einer Checkliste für suizidales Verhalten und mehrmalige direkte Nachfragen abgeklärt. Es gelingt den Mitarbeitenden im Verlauf des Gesprächs – nicht zuletzt durch Unterstützung der Lebenspartnerin – Herrn Z. davon zu überzeugen, von seinem ursprünglichen Antrag abzusehen. Er könnte stattdessen eine ambulante Unterstützung zur Bewältigung seiner Haushaltsführung beantragen. Zu einem Termin bei einem ambulanten Psychiater sowie zur Einnahme von Psychopharmaka kann sich Herr Z. während des Termins nicht durchringen. Allerdings stimmt er zu, sich mit einem Psychologen des SPDI in der Beratungsstelle zu treffen. Seine Partnerin möchte ihn dorthin begleiten. Hinsichtlich seiner finanziellen Probleme wird ein Folgetermin (ebenfalls in der Beratungsstelle) vereinbart, in welchem Finanzunterlagen gesichert und geordnet werden sollen. Anschließend soll er damit zu einer Schuldnerberatung weitervermittelt werden. Die Bedarfe werden in dem ICF basierten Erhebungsbogen gemeinsam festgehalten, um daraufhin einen Sozialbericht im Rahmen des Gesamtplanverfahrens zu erstellen und eine ambulante Eingliederungshilfe (ambulant betreutes Wohnen) für

3 Z. B. soziale Kontakte, Selbstversorgung, Mobilität, Umgang mit der Erkrankung, Freizeit, Arbeit, gesellschaftliches und gemeinschaftliches Leben.

Herrn Z. zu beantragen. Er lässt sich darauf ein, weil er so seine „Kapazitäten erweitern kann, um seine Projekte zu verwirklichen“. Dies wird zunächst validiert, da Herr Z. sich so auf die Hilfe einlassen kann und eine feste Unterstützungsstruktur etabliert wird.

Der Hausbesuch wird nach rund 70 Minuten beendet und es werden Folgetermine in der Beratungsstelle vereinbart, damit der geschaffene Kontakt nicht wieder abreißt. Herr Z. ist immer noch angespannt, wirkt aber nun etwas weniger unruhig, da er sich durch das Gespräch ernstgenommen fühlt. Der Partnerin von Herrn Z. wird ebenfalls ein Gesprächstermin und die Notrufnummer eines Krisendienstes angeboten für den Fall, dass Herrn Z.s Manie weiter zunimmt und sie sich dann selbst ggf. nicht mehr sicher fühlt. Zudem wird ihr der Kontakt zu einer Selbsthilfegruppe für Angehörige weitergegeben.

In der Folgezeit entsteht ein regelmäßiger Kontakt zum SPDI (Gespräche mit Psycholog*in) und eine ambulante wöchentliche Eingliederungshilfe für die Bereiche Soziale Kontakte, Selbstversorgung und Haushaltsführung. Auch Psychoedukation wird etabliert. Letztere wird zweimal wöchentlich in Form von Hausbesuchen durchgeführt. Die finanzielle Situation wird durch die Schuldnerberatung geordnet und bearbeitet. Herr Z. versucht seine Schulden kleinschrittig abzubezahlen. Eine medikamentöse Therapie lehnt er weiterhin ab. Gründe für eine Unterbringung und die Behandlung in einer psychiatrischen Klinik gegen den Willen von Herrn Z. liegen aktuell (noch) nicht vor bzw. reichen diese für eine öffentlich-rechtliche Unterbringung nicht aus. Die Lebenspartnerin von Herrn Z. hält ebenfalls Kontakt zum SPDI und beobachtet den Verlauf der manischen Phase von Herrn Z. weiter. Es wird die Absprache getroffen, dass sich die Lebenspartnerin beim Krisendienst meldet, wenn sich die gesundheitliche Situation von Herrn Z. weiter zuspitzt.

Zweiter Teil: Allgemeines Handlungsmodell Hausbesuche

Modul 1: Zielklärung und Dokumentation

Begründung der Zielklärung und Dokumentation

Die Legitimation jeglicher sozialpädagogischen Arbeit ergibt sich aus der gesetzlichen Grundlage und den daraus resultierenden Zielsetzungen. Sozialpädagogische Maßnahmen werden in der Regel über öffentliche Mittel und somit hauptsächlich über Steuergelder finanziert. Dies trifft auch auf fast alle aufsuchenden Maßnahmen im Hausbesuch zu. Um derartige Maßnahmen vor den Klient*innen, aber auch dem öffentlichen Kostenträger zu begründen und zu legitimieren, ist es essenziell wichtig, den Auftrag und den angestrebten Zielzustand (vom Ist- zum Soll-Zustand) einer Maßnahme klar herauszuarbeiten und den inhaltlichen Veränderungsprozess im Verlauf der Maßnahme festzuhalten, sprich zu dokumentieren. Die Dokumentation wird jedoch in der Praxis oft als ein ungeliebter bürokratischer Zusatzaufwand wahrgenommen (Henes & Trede, 2018, S. 5f.), und auch die Festlegung konkreter Zielzustände wird aufgrund der Komplexität der Lebenswirklichkeit und Individualität der Klient*innen kritisch diskutiert (Brack & Geiser, 2009, S. 15). Gleichwohl ist beides für eine professionelle Hilfeleistung unverzichtbar.

Zieldefinitionen bestimmen die inhaltliche und methodische Ausrichtung einer Maßnahme (Zielfindung), ermöglichen Evaluation und Qualitätssicherung, definieren, wann sie abgeschlossen ist, sprich, wann Hilfe zur Selbsthilfe oder zumindest eine Stabilisierung des Ist-Zustands erreicht werden konnte (Blanz & Schermer, 2013, S. 83f.). Zudem schützt sie Klient*innen vor Manipulation und Missbrauch durch die Fachkräfte durch den normativen Aspekt der Zielbegründung, also die berufsethische und rechtliche Begründung des Vorgehens, sowie des Herstellens eines gemeinsamen Zielkonsenses mit den Klient*innen (ebd.).

Die Dokumentation schützt die Klient*innen durch die Belegbarkeit der Inhalte einzelner Treffen ebenfalls vor Fremdbestimmung und Missbrauch, aber auch die professionellen Fachkräfte selbst vor rechtlichen Konsequenzen, z. B. bei der Frage, ob Fachkräfte ihrer Sorgfaltspflicht in den Maßnahmen nachgekommen sind. Eine gut geführte Dokumentation kann dies erreichen, indem deutlich gemacht wird, was in einzelnen Terminen besprochen und unternommen wurde und wie die Fachkräfte während dieser Termine vorgegangen sind. Insbesondere bei aufsuchender Arbeit, bei der es in der Regel keine unabhängigen Zeugen gibt, ist dieser Aspekt des Schutzes von Klient*in und Fachkraft durch Belegbarkeit der Treffen von besonderer Bedeutung. Weiterhin wird so ein einheitlicher Kenntnisstand über den Fall erreicht, was besonders bei Fällen mit mehreren Verantwortlichen oder bei Urlaubs- und Krankheitsvertretungen wichtig ist. Die Professionalität im Sinne von Reflexivität, Objektivierbarkeit, Systematisierung, Effektivität und Effizienz wird dadurch deutlich aufgewertet (Geiser, 2009, S. 27). So werden reibungslose Beratungs- und Betreuungsabläufe sichergestellt. Diese Ausführungen machen deutlich, dass eine klare Auftragsklärung und eine gut geführte Dokumentation Standard jeglicher sozialpädagogischer Maßnahme sein sollten. Zusätzliche Bedeutung erfährt die Auftragsklärung bei Hausbesuchen, in denen die Fachkraft mit den Klient*innen allein ist und andere Teammitglieder die Maßnahmen nicht unmittelbar miterleben.

Auftragsklärung: Die Festlegung von Zielen im Hausbesuch

Eine klare Auftragsklärung und Zieldefinition sollte jeder sozialpädagogischen Maßnahme immanent sein. Dies ist so wichtig, da erst über die Zielfindung die eigentlichen Inhalte und Methoden des Vorgehens definiert werden. Über die normativ-berufsethische Zielbegründung erfahren diese Inhalte erst ihre Legitimation (Blanz et al., 2013, S. 83f.). Die Festlegung von Zielen folgt dabei im Hausbesuch den gleichen Determinanten wie in jeder anderen pädagogischen Maßnahme und ist in der Regel das Produkt einer Zielanalyse, welche immer gemeinsam mit den Klient*innen erfolgen sollte und mit einem individuellen Konsens zwischen Klient*in und Fachkraft beendet ist. Zu berücksichtigen sind dabei folgende Aspekte (Schermer, Weber, Drinkmann & Jungnitsch, 2016, S. 47; Pauls & Reicherts, 2012, S. 12f.):

- das eigentliche Problem bzw. Anliegen des/der Klient*in
- welche Ziele der/die Klient*in formuliert
- der/die Klient*in muss den Zielen unmissverständlich zustimmen
- die zur Verfügung stehenden Interventionsmethoden
- die Werte, Normen und Überzeugungen sowohl des/der Klient*in als auch der Fachkraft
- die Motivation und Erwartung des/der Klient*in
- die Ressourcen des/der Klient*in
- die Ziele dürfen nicht gegen berufsethische Grundsätze verstoßen
- die sozialen strukturellen und rechtlichen Rahmenbedingungen.

In der Praxis besteht hier schnell die Gefahr, dass Fachkräfte eine zu stark problemfokussierte Zielformulierung festlegen und dabei Ressourcen der Klientel aus den Augen verlieren. Deshalb rät Goldiamond (1974) unter dem Terminus des „constructional approach" zu einer Zentrierung der Ziele auf positive Verhaltensweisen und Alternativen. Hierbei sollten (nach Haynes & O'Brian, 2000, S. 74) berücksichtigt werden:

- die Fähigkeiten und Stärken der Klient*innen
- die Nutzung von Ressourcen aus dem (sozialen) Umfeld – auch institutionalisierte professionelle Hilfen und Ressourcen
- die Entwicklung positiver Alternativen zum Problemverhalten (positive Konnotation)
- die Erarbeitung weiterer problemunabhängiger positiver Interventionsziele
- der Einsatz von Zielerreichungsskalen zur Messung und Visualisierung der Veränderung
- die Analyse und der Einsatz von verstärkenden Ereignissen und Situationen.

Zum Vorgehen bei der Zielanalyse empfiehlt es sich, zunächst mit den Klient*innen gemeinsam ein Haupt- bzw. Meta-Ziel für die Maßnahme insgesamt festzulegen und dieses in kleine, möglichst gut erreichbare Teilziele und Zwischenschritte zu unterteilen sowie anschließend in den Hausbesuchen sukzessive zu bearbeiten. Ein bewährtes Verfahren zur Ausgestaltung dieser Teilziele stellt die SMART-Regel dar. Demnach sollen Ziele (Blanz et al., 2013, S. 84ff.):

- *Spezifisch*, also so konkret, verhaltensnah und eindeutig wie möglich definiert werden, sodass der/die Klient*in und die Fachkraft genau die gleiche Vorstellung vom Inhalt haben.
- *Messbar* im Sinne einer Zuordnung empirischer Relative (der eigentlichen Problemlagen

bzw. Wertekategorien) zu numerischen Relativen (Zahlen bzw. Werten) sein (Weinbach & Grinnell, 2000, S. 5f.). Dieser Schritt ist nichts anderes als eine Quantifizierung des Anliegens der Klient*innen, welche es eindeutig erlaubt, festzulegen, wann ein Ziel erreicht wurde und die Maßnahme somit beendet werden kann.

- *A*ktiv beeinflussbar sein, das heißt, es muss ein aktives Vorgehen vonseiten der Klient*innen und der Fachkräfte beschrieben werden können, wie dieses Ziel herbeizuführen ist. Unkontrollierbare Einflüsse sind für eine Zieldefinition ungeeignet.
- *R*ealistisch sein: Es müssen solche Ziele definiert werden, die mit den zur Verfügung stehenden Methoden, Umständen und Ressourcen der Klient*innen tatsächlich erreicht werden können.
- *T*ransferfähig und terminiert sein: Die Ziele sollen auch nach Beendigung der professionellen Hilfe aufrechterhalten werden können und es muss ein klarer Zeitpunkt bestimmt werden, wann dieses Teilziel erreicht sein soll bzw. zu welchem Zeitpunkt die Zielerreichung überprüft werden soll.

Wenn Ziele nach der SMART-Regel formuliert wurden, sind sie sowohl für Klient*innen, beteiligte Fachkräfte als auch Kostenträger antizipierbar (S-Aspekt), können überprüft und evaluiert werden (M- und T-Aspekt), entsprechen der Lebenswirklichkeit der Klient*innen (R-Aspekt), und sie können während der Maßnahme immer wieder herangezogen werden, um zu prüfen, ob das derzeitige Vorgehen noch mit der Zielvorstellung vereinbar ist bzw. dieser dient (A- und T-Aspekt). Siehe hierzu auch *Material 2*.

Dokumentation im Hausbesuch: Stundenprotokolle und Übergabenotizen

> Die Zeiten, als man sich stolz an die Brust schlagen und betonen konnte, dass man auf Aktenführung verzichte, weil man die Klientinnen kenne oder sie nicht stigmatisieren wolle, sind längst vorbei. Die Selbstkontrolle und die Legitimation nach innen und aussen erfordern eine strukturierte und systematisch durchgeführte Aktenführung und Dokumentation in Sozialberatungsdiensten (Geiser, 2009, S. 27).

Es ist inzwischen allein aus berufspolitischen Interessen und auch vor dem Selbstverständnis der Sozialen Arbeit als Profession wichtig, belegen zu können, weshalb auf welche Weise mit welchem Aufwand welche Wirkungen erzielt wurden (ebd.). Die Dokumentation erfüllt somit viele wesentliche Funktionen, welche heute aus Professionssicht nicht mehr wegzudenken sind (ebd., 2009, S. 31):

- Gedächtnisstütze, Arbeitsstrukturierung, Selbstkontrolle/Evaluation für die betreuende Fachkraft
- Grundlagenmaterial für Berichte, Anträge und Gutachten
- Grundlage für Zielabstimmung und Arbeitsabsprache (Beratungsvertrag) zwischen Klient*innen und Fachkraft
- Rechenschaftsablage im Sinne eines Nachweises für Träger, Behörden und Rechnungsprüfung, Arbeitszeitermittlung und Stellenplanbemessung für die Anbieter der Hilfeleistung
- Beweismittel bei Beschwerden, Anträgen und der Bemessung des Hilfeumfangs

- Zusammenfassung/Information für weiterführende Hilfen oder vertretende Kolleg*innen
- Datenmaterial zur Begründung sozialpolitischer Postulate.

Dies gilt insbesondere für aufsuchende Arbeit im Hausbesuch. Denn der Hausbesuch unterscheidet sich von Hilfen, die in Beratungsstellen, Einrichtungen und Institutionen stattfinden, dadurch, dass die gesamte Kommunikation und der gesamte Kontakt zwischen Klient*innen und Fachkräften im privaten häuslichen Umfeld stattfindet. Weder Arbeitgeber, Kostenträger noch Teamkolleg*innen wissen daher genau, wann bzw. warum welche Hilfe geleistet wurde und was in den Hausbesuchen alles passiert ist. Deshalb ist es hier besonders wichtig, gut zu dokumentieren und belegen zu können, was während der Hausbesuche genau vonstattengeht. Dies schützt Klient*innen vor Willkür und Missbrauch und dies schützt auch die Fachkraft, indem dokumentiert ist, welche Arbeit geleistet wurde. Zudem ist die Hilfeleistung für Gesellschaft und Kostenträger transparent und evaluierbar. Ganz nach dem Grundsatz: Wer gute professionelle Arbeit leistet, kann diese auch belegen und muss sich nicht hinter der Anonymität der Maßnahme verstecken.

Ein weiterer Punkt, weshalb die Dokumentation im Hausbesuch einen besonders herausragenden Stellenwert erhält, ist die Zusammenfassung und Informationsweitergabe. Während beispielsweise in Schulen, Jugendzentren, heilpädagogischen Tagesstätten, Wohnheimen oder Klinikstationen meist mehrere Fachkräfte vor Ort sind und den Maßnahmenverlauf bei den einzelnen Klient*innen miterleben, ist in Hausbesuchen meist nur eine, maximal zwei Fachkräfte des jeweiligen Teams involviert und regelmäßig vor Ort. Das bedeutet, dass Teamkolleg*innen und Vorgesetzte weniger Einblick in die Maßnahme, die aktuellen Entwicklungen und Problemlagen und das pädagogische Vorgehen haben. Wenn nun eine vorgesetzte Person Einblick in den Fall benötigt oder aufgrund von Krankheit, Zuständigkeitswechsel oder Urlaub ein Fall von Kolleg*innen vertreten werden muss, sind diese wichtigen Informationen ohne übersichtliche und lückenlose Dokumentation nicht schnell und effektiv zugänglich. Dokumentation ermöglicht durch das additive Zusammentragen von Fallinformationen den weiteren Beteiligten Zugang zu notwendigem Wissen als Anknüpfungsmuster für eine gelingende Fallübernahme (Merchel, 2018, S. 20).

In diesem Zusammenhang ist auf eine besondere Form der Dokumentation hinzuweisen, die durch die fallbezogene Kooperation von Fachkräften aus verschiedenen Dienststellen entsteht. So ist es möglich, dass im Rahmen eines Hausbesuchs eine Helfer*innenkonferenz zur Hilfeplanung stattfindet, an der der/die Klient*in sowie dessen/deren gesetzliche Vertretung (z. B. Eltern, Betreuer*in) teilnehmen. Beispielsweise könnten bei einem komplexen Fall in der ambulanten Kinder- und Jugendhilfe an einer solchen Konferenz teilnehmen: das Kind, dessen Eltern, Mitarbeiter*innen des Jugendamts, der Sozialpädagogischen Familienhilfe, der Schulsozialarbeit, der/die behandelnde Psychotherapeut*in u. a. Die Koordination all dieser beteiligten Dienste wird i. d. R. durch ein Case Management realisiert, das in den Händen einer zuvor festgelegten Fachkraft aus diesem Kreis liegt. Diese Fachkraft ist dann nicht nur für die sorgfältige Planung, Vorbereitung und Terminierung der Konferenz zuständig, sondern auch für die gesamte Dokumentation und Protokollierung der getroffenen Entscheidungen und Vereinbarungen. Eine weitere Sonderform der Dokumentation, die einer besonderen Vorbereitung bedarf, ist der Hausbesuch bei Klient*innen, die aufgrund eines Migrationshintergrunds die deutsche Sprache nicht in ausreichender Form beherrschen. Eine verbale Kommunikation kann in diesen Fällen i. d. R. nur durch die Unterstützung eines/r Dolmetscher*in realisiert werden. Zudem müssen alle Papiere, die der/die Klient*in während des Hausbesuchs unterzeichnen soll (z. B. das Stundenprotokoll), in dessen Landessprache übersetzt werden bzw. sollten zumindest als Blankoformulare in dessen Landessprache vorliegen.

Welche Mindestanforderung sollte aber nun an eine gelingende Dokumentation im Hausbesuch über die Formel von vorgeschriebenen Berichten und Gutachten (z. B. Jugendhilfeplanung, Gesamtplanverfahren oder Jugendgerichtshilfegutachten) hinaus gestellt werden? Dokumentieren beinhaltet ein Sammeln, Strukturieren und Festhalten von Informationen, ein Bewerten der Information und ein Auswählen der Information zwecks Wiedergabe und Weiterleitung (Geiser, 2009, S. 32ff.). Damit bewegt sich Dokumentation in einem Spannungsfeld aus Erhöhung der Komplexität (neue Erkenntnisse, zusätzliche Informationen gewinnen) einerseits und der Reduktion der Komplexität (komprimieren, operationalisieren, funktional zusammenfassen) andererseits (Henes et al., 2018, S. 7). Anders gesagt: Es muss ein guter Mittelweg gefunden werden, so viele Informationen wie notwendig, aber so sparsam und übersichtlich wie möglich darzustellen.

Für eine möglichst lückenlose Aktenführung bei aufsuchender Arbeit empfiehlt sich daher ein gut vorstrukturiertes und für alle Leser*innen übersichtliches, aber regelmäßig geführtes Stundenprotokoll, welches für jeden einzelnen Hausbesuch angefertigt werden sollte. Der Aufbau sollte standardisiert sein, sodass er den Abruf der wichtigsten Informationen ermöglicht und jeder Termin gesondert abgebildet werden kann. Das Stundenprotokoll sollte enthalten: Ort, Datum und Uhrzeit des Hausbesuchs, beteiligte Personen, Themen/ Problemlagen des aktuellen sowie vorausgegangenen Termins, Vereinbarungen und Aufträge aus dem vorausgegangenen Termin zur Evaluation sowie Vereinbarungen und Aufträge als Ergebnisse des Besuches, welche in der nächsten Einheit überprüft werden können. Ein Vorschlag für ein Stundenprotokoll findet sich unter *Material 3*.

Darüber hinaus empfiehlt sich bei geplanten Fallübergaben oder Vertretungen eine gesonderte Übergabenotiz an die weiterführende/vertretende Fachkraft.

> Die Übergabenotiz ist eine Kurzinformation mit Wegweiserfunktion. Sie hat den Zweck, der Nachfolgerin oder dem Nachfolger zu erlauben, sich ohne grosse Umwege die wichtigsten Informationen zu beschaffen, und zwar nicht auf Vorrat, sondern dann, wenn sie oder er diese braucht. Die Übergabenotiz enthält daher nur wenige wesentliche Informationen, sagt aber, wo alles Wichtige zu finden ist. (Ziltener, 2009, S. 143)

Eine Übergabenotiz sollte wegen der besseren Übersichtlichkeit eine DIN-A4 Seite nicht überschreiten und ähnlich einem Stammdatenblatt nur die wichtigsten Informationen in Stichpunktform enthalten, ggf. mit dem Verweis, wo weiterführende Informationen zu bekommen sind. Übergabenotizen sollten folgende Informationen enthalten: beteiligte Personen, aktuelle Problemlage, bisherige und aktuelle Maßnahme, getroffene Abmachungen, weitere beteiligte oder beantragte Hilfen, Kontaktdaten sowie Platz für sonstige relevante Anmerkungen. Eine Vorlage für eine Übergabenotiz nach dem modifizierten Entwurf von Ziltener (2009) findet sich unter *Material 4*.

Material 2: *Zielanalyse nach der SMART-Regel*

Übergeordnetes Maßnahmeziel:

____

Spezifisch:

Wie ist das Ziel genau definiert?

____

____

____

____

Messbar:

Woran kann erkannt werden, dass das Ziel erreicht wurde?

____

____

____

Aktiv beeinflussbar:

Was kann Klient/Klientin tun, um das Ziel zu erreichen?

____

____

Was kann die Fachkraft tun, um zu unterstützen?

____

____

Realistisch:

Woran kann man festmachen, dass das Ziel auch erreicht werden kann?

____

____

Transferfähig:

Wie führe ich das Ziel nach Maßnahmenende fort?

____

____

Terminiert:

Material 3: *Beispielbogen Stundenprotokoll*

Stundenprotokoll

Datum: ______ Uhrzeit von: ______ bis: ________

Adresse des Hausbesuchs: ____

Anwesende Personen: ____

Inhalt/Thema des letzten Treffens:

____

Hausaufgaben/Absprachen aus dem letzten Treffen:

____

Inhalt/Thema des aktuellen Treffens:

____

Aktuelle Interventionen/Vorgehen beim Hausbesuch:

____

Hausaufgaben/Absprachen bis zum nächsten Treffen:

____

Unterschrift Klient*in: __________ Unterschrift Fachkraft: __________

Material 4: *Beispielbogen Übergabevermerk (modifizierte Version von Ziltener, 2009, S. 145)*

Übergabevermerk Datum: ____________

Beteiligte Personen und Funktionen:

____

____

Aktuelle Problemlage:

____

____

Aktuelle Hilfen/Maßnahmen/To-dos in den Hausbesuchen:

____

____

Aktuelle Absprachen:

____

____

Weitere implementierte oder beantragte Hilfen:

____

____

Art der Kontaktaufnahme und Kontaktadresse:

____

Anmerkungen:

____

Modul 2: Settings und Vorbereitung

Hausbesuche stellen unabhängig von ihrem Anlass und dem Tätigkeitsfeld, in welchem der Hausbesuch stattfindet, ein besonderes Setting für professionelle Hilfe dar, das einen ganz speziellen Rahmen und eine eigene Dynamik in die Hilfeleistung bringt. Daraus ergeben sich sowohl besondere Ressourcen und Möglichkeiten als auch besondere Hürden und Probleme, die in anderen pädagogischen Settings nicht in dieser Form auftreten. Umso mehr verwundert, dass trotz dieser Spezifika das Setting des Hausbesuchs als eigenständiges, zu berücksichtigendes Thema in der sozialpädagogischen Literatur bisher praktisch keinen Niederschlag fand oder maximal als Randnotiz thematisiert wurde. Zu erwähnen ist hier insbesondere „Soziale Teilhabe professionell fördern" von Giertz, Große und Röh (2022), welches immerhin die Dynamik aus Setting, Besuchte und Besuchende aufzeigt (ebd., 2022, S. 222).

Das Besondere am Setting des Hausbesuchs liegt darin begründet, dass er nicht in einer Örtlichkeit oder Institution stattfindet, welche zum Zweck der Aufgabenerfüllung des sozialpädagogisch-therapeutischen Auftrags konzipiert und eingerichtet wurde. Zumeist finden diese Maßnahmen in speziellen Orten wie Beratungsstellen, Büros, Praxen, Behörden, Schulen, Ambulanzen oder Kliniken sowie in Betreuungseinrichtungen wie Wohngruppen oder Tagesgruppen statt. Diese sind für die Aufgabenerfüllung eingerichtet und ausgestattet und stellen i. d. R. einen „neutralen" und „geschützten" Raum dar. Hausbesuche hingegen finden in den privaten Räumlichkeiten der Klient*innen und damit in ihrer persönlichen Lebenswelt und Intimsphäre statt. Dies hat zur Folge, dass sich die Fachkraft in einer für ihn oder sie nicht oder nur wenig vertrauten Umgebung befindet, wohingegen sich die Klient*innen in ihrem sehr vertrauten und persönlichen Umfeld bewegen. Dieses Spezifikum findet sich so nur im Hausbesuch und hat einige unmittelbare Auswirkungen auf den Beratungs- und Interventionsprozess, sowohl für die Fachkraft als auch für die Klient*innen.

Aus Klient*innensicht:

- Klient*innen können sich durch die für sie vertraute Umgebung anders verhalten, z. B. weil sie sich in ihrem Heim sicherer und wohler fühlen bzw. das Zuhause als besonderen Schutzraum erleben.
- Gleichzeitig kann es in anderen Fällen durch die fehlende Neutralität für die Betroffenen schwieriger sein, sich auf den Termin einzulassen, da die Wohnumgebung auch im negativen Sinne „emotionaler" besetzt sein kann, z. B.:
  - Scham vor den Zuständen (z. B. stark verschmutzte Wohnung),
  - emotionale Reaktionen bei Partnerschafts- oder Familienkonflikten, da sich die Konflikte überwiegend im heimischen Umfeld abspielen,
  - Vorhandensein triggernder Stimuli in der Wohnung, beispielsweise bei dort stattgefundenen Traumatisierungen.
- Möglichkeiten für In-vivo-Expositionen und Verhaltensübungen in der realen Lebenswirklichkeit der Klient*innen.
- Höhere Anforderungen an Motivation und Commitment der Klient*innen, sich auf den Prozess einzulassen, da sie die Fachkraft in ihr persönliches Lebensumfeld einlassen und Einblick in ihren Alltag geben müssen.

- Zwangsläufig stärkerer Einbezug anderer Personen aus dem direkten Umfeld bzw. dem nahen Bezugssystem (Familienmitglieder, Mitbewohner*innen, ggf. Nachbarschaft) in die Maßnahme.

Aus Sicht der professionellen Fachkraft:
- Fehlende Vertrautheit mit den Räumlichkeiten und der Umgebung.
- Potenzielle Gefahrenquelle durch die unvertraute und für die Fachkraft „schutzlose“ Umgebung.
- Fehlen von Materialien, Arbeitshilfen und Instrumenten für den Beratungs- und Interventionsprozess vor Ort.
- Stärkere Konfrontation mit der Lebenswirklichkeit der Klient*innen und dadurch ggf. stärkere Belastung der Fachkraft.
- Erschwerte Abgrenzung und Aufrechterhaltung der professionellen Distanz durch die größere Nähe und Intimität zu den Klient*innen durch das „Eindringen“ in ihr persönliches Umfeld.
  - Erhöhte Anforderungen an die Organisation der eigenen Strukturierung des Arbeitsalltags,
  - fehlende Örtlichkeit für Mittags-, Essens- und Toilettenpausen,
  - gutes Zeitmanagement bei der Planung der Termine unter Berücksichtigung von Anfahrtswegen und Zeiten zwischen den Terminen,
  - Erforderlichkeit eines „mobilen Arbeitsplatzes“ (z. B. Arbeitsmaterial, telefonische Erreichbarkeit, Dokumentation etc.).
- Möglichkeit der Verhaltensbeobachtung und von In-vivo-Interventionen unter Realbedingungen.
- Detaillierterer Einblick in die Lebenswirklichkeit der Klient*innen und erweiterte sozialdiagnostische Möglichkeiten durch die Kenntnisnahme des Umfeldes.

Diese Auflistung zeigt, dass Hausbesuche zwar viele zusätzliche Hürden und Anforderungen an den Beratungsprozess stellen, aber auch zusätzliche Möglichkeiten und Ressourcen nutzbar gemacht werden können, die so in anderen Settings nicht zugänglich sind. Zusammengefasst ergeben sich hieraus vier Cluster von Besonderheiten: Sicherheit, Arbeitsstruktur, Beziehung und Abgrenzung sowie Diagnostik und Intervention. Hinzu kommen noch ethische und kulturelle Fragestellungen (siehe auch Modul Ethik).

Besonderheiten hinsichtlich der Sicherheit

Der Aspekt der Sicherheit stellt bei Hausbesuchen insgesamt, insbesondere aber bei Erstbesuchen und Kontakten mit bisher unbekannten Klient*innen, eine besondere Herausforderung dar. Die Fachkraft trifft auf eine/n unbekannte/n oder wenig bekannte/n Klient*in in einem unvertrauten Umfeld. Es kann potenziell zu Gefährdungssituationen durch unkooperative, fremdaggressive oder sich in psychischen Ausnahmesituationen befindliche Klient*innen kommen. Weiterhin ist die Fachkraft überwiegend alleine mit der Person in deren Wohnung. Insbesondere Beratungs- und Betreuungsprozesse in Zwangskontexten (z. B. Jugendhilfe, Straffälligenhilfe, psychisch kranke Personen) können konflikthaft verlaufen und von den Betroffenen abgelehnt werden. Die Fachkraft ist also schlechterdings auf sich allein gestellt, wenn es zu übergriffigem Verhalten kommt und keine Kolleg*innen vor Ort sind, die Hilfe leisten können oder als Zeug*innen fungieren. Die Zeugenfunktion kann auch wichtig sein, wenn es vonseiten der Klient*innen zu Anschuldigungen im Hinblick auf unangemessenes oder übergriffiges Verhalten (z. B. Beleidigung, Diebstahl, sexuell übergriffiges Verhalten etc.) seitens der Fachkräfte kommt. In einer Beratungsstelle oder Ambulanz sind meist andere Fachkräfte in der Nähe, die ggf. bezeugen können, ob es wirklich zu unangemessenen Äußerungen oder Verhaltensweisen seitens der Fachkraft gekommen ist. Diese Absicherung besteht bei einem Hausbesuch zumeist nicht. Auch ist die Fachkraft alleine, wenn ein medizinischer Notfall eintritt, bspw. die betroffene Person dekompensiert und sich in einem emotionalen Ausnahmezustand befindet oder aufgrund einer somatischen Erkrankung (Herzinfarkt, Schlaganfall, Anlassleiden, allergische Reaktion etc.) oder Verletzung sofortige medizinische Hilfeleistung erforderlich ist. In bestimmten Wohnungen kann es zudem dazu kommen, dass Fachkräfte extrem schwierigen hygienischen Bedingungen wie z. B. Vermüllung, Schädlingen, Schimmel, Fäkalien oder Körperflüssigkeiten ausgesetzt sind.

Daher ist es bei Hausbesuchen besonders wichtig, im Vorfeld bestimmte Sicherheitsvorkehrungen zum Selbstschutz der Fachkräfte zu treffen. So können potenzielle Gefährdungslagen minimiert werden, wenn Kolleg*innen ankündigen, wann und wo ein Hausbesuch stattfindet und dies in der Dienststelle mit Adresse vermerkt wird. Die Fachkraft sollte unbedingt immer ein Mobiltelefon bei sich tragen, um ggf. schnell Hilfe rufen zu können. Hier könnte zusätzlich ein „Notfallcode" mit den Kolleg*innen vereinbart werden, der den Prozess der Hilfeeinschaltung beschleunigt. Weiterhin sollte im Vorfeld abgeklärt werden, in welchem emotionalen Zustand sich der/die Klient*in befindet, ob weitere Personen bei dem Termin anwesend sein werden und ob sich Waffen oder gefährliche Gegenstände oder bissige Tiere in der Wohnung befinden. Zu Beginn des Hausbesuchs kann es sinnvoll sein, sich zunächst vor Ort zu orientieren und Fluchtwege und potenzielle Gefahrenquellen zu identifizieren. Es sollte mit Klient*innen ggf. abgesprochen werden, dass Tiere, z. B. Hunde, während des Termins in einen anderen Raum gesperrt werden und potenziell gefährliche Gegenstände, wie offen herumliegende Küchenmesser, vor Beginn des Gesprächs weggeräumt werden. Wenn im Vorfeld eines Hausbesuchs zu erwarten ist, dass es zu Komplikationen wie Übergriffen oder Situationen, die Anschuldigungen gegenüber der Fachkraft nach sich ziehen könnten, kommt, sollte geklärt werden, ob ein Hausbesuch von vorneherein im Tandem mit einem/einer Kolleg*in/Zeug*in stattfinden und im Extremfall die Polizei im Vorfeld informiert oder miteinbezogen werden kann. Um auf potenzielle medizinische Notfälle vorbereitet zu sein, sollten Fachkräfte im Hausbesuch idealerweise über eine Erste-Hilfe-Ausbildung verfügen und einen Erste-Hilfe-Koffer im Auto haben. Zudem ist es empfehlenswert, Notrufnummern im Mobiltelefon auf Schnellwahltasten zu speichern und ein Notfallkonzept in der Einrichtung zu erarbeiten, welches alle Mitarbeiter*innen im Außendienst kennen. Zur Vorbereitung auf schwierige hygienische Bedingungen sollte immer auf entsprechende Kleidung geachtet werden und es sollten ggf. Handschuhe und ein Händedesinfektionsmittel sowie weitere Vorkehrungen, z. B. ein Mund-Nasen-Schutz bei Infektions- oder Pandemiegeschehen, mitgeführt werden. Fachkräfte im Hausbesuch sollten darauf geschult sein, Infektionsgefahrenquellen zu erkennen und zu vermeiden. (Was fasse ich an? Wo setze ich mich hin? Nehme ich Getränke oder Speisen aus dem Haushalt eines/einer Klient*in an? Etc.) Ggf. können hier Hygieneschutzschulungen sinnvoll und indiziert sein. Eine Checkliste zu Sicherheitsvorkehrungen vor und während des Hausbesuches findet sich unter *Material 5*.

Besonderheiten hinsichtlich der Arbeitsstrukturierung, professionellen Beziehung und Abgrenzung

Das Thema der Arbeitsstruktur stellt in den aufsuchenden Hilfen eine besondere Herausforderung dar. Die Fachkräfte müssen ihren Arbeitsalltag um Hausbesuche herum organisieren und haben während der Hausbesuche keinen festen Arbeitsplatz. Dies erfordert in besonderem Maße Planung und Vorbereitung. Besonders wenn mehrere Hausbesuche nacheinander stattfinden, müssen der zeitliche Umfang der Termine gut geplant und Entfernungen und Anfahrtswege unter Berücksichtigung des Verkehrsaufkommens kalkuliert werden. Auch stellen sich hinsichtlich der eigenen Bedürfnisse der Fachkraft besondere Anforderungen. Man muss bedenken, wann und wo Pausen wahrgenommen werden können, wo es Möglichkeiten gibt, auf die Toilette zu gehen (insbesondere wenn vermieden werden soll, das WC der Klient*innen nutzen zu müssen), und wo Mahlzeiten eingenommen werden können. Es ist erforderlich, dass die Fachkraft Essen und Getränke bei sich hat und Pausen unterwegs vorgenommen werden können. Auch die Vorbereitung der Treffen selbst erfordert umfangreichere Planungen. Während Arbeitsmaterialien (Skills-Koffer, Computer, Protokollbögen und Screeninginstrumente wie Fragebögen etc.) in den Büros und Einrichtungen vor Ort gegeben sind, müssen diese bei Hausbesuchen extra zu den Terminen mitgenommen werden. Es muss also im Vorfeld geplant werden, welche Arbeitsmaterialien benötigt werden, und diese müssen vorbereitet und mitgenommen werden. Daher sollten Fachkräfte in der aufsuchenden Arbeit ein „mobiles Büro“ mit Schreibutensilien, Arbeitsblättern, Diagnose- und Therapietools sowie ggf. einen Laptop in einer vorbereiteten Arbeitstasche mit sich führen oder in ihrem Dienstfahrzeug bei sich haben.

Diese Ebene beeinflusst Fachkraft und Klient*in in gleichem Maße. Wie bereits eingangs in diesem Modul erwähnt, dringt die Fachkraft beim Hausbesuch, stärker als in Beratungs- und Betreuungskontexten üblich, in die Privatsphäre der Klient*innen ein. Das kann für Klient*innen zu einer zusätzlichen Belastung führen, ihren Intimbereich so weit öffnen zu müssen und den Fachkräften einen so nahen Einblick in ihr Leben und ihren Alltag zu geben. Diese Aspekte werden im Modul Ethik näher ausgeführt.

Das heimische Setting hat, wie bereits erwähnt, auch Auswirkungen auf die professionelle Beziehung selbst. Für die betroffenen Klient*innen können Gespräche im häuslichen Umfeld den Beratungsprozess sowohl erleichtern und entlasten als auch zusätzlich belasten. Manche Klient*innen können sich in vertrauter Umgebung leichter öffnen, anderen fällt es schwerer, in der eigenen Wohnung offen zu sprechen. Zusätzlich kann es passieren, dass andere, im Haushalt lebende Personen zumindest Teile des Beratungsprozesses mitbekommen. Für die betroffene Fachkraft hingegen kann unter Umständen der Abgrenzungsprozess erschwert werden, da sie viel näher und persönlicher an dem Leben der Klient*innen partizipiert und deren Problemlagen viel unmittelbarer miterlebt, als dies in einem neutralen Beratungssetting in einer Einrichtung oder Beratungsstelle der Fall wäre.

Daher sind auch aus diesem Grund bei Hausbesuchen besondere Aufmerksamkeit und Achtsamkeit von den Fachkräften gefordert. Sie müssen sowohl ihre eigene professionelle Haltung und Betroffenheit reflektieren als auch sehr genau wahrnehmen, was der Hausbesuch mit ihren Klient*innen macht bzw. wie sich dieser auf das Verhalten der Klient*innen auswirkt. Besonders auffällig kann dies bei Maßnahmen sein, die teilweise bei Hausbesuchen und teilweise in Büros oder Praxen stattfinden. Unterstützt werden kann dieser Reflexionsprozess durch regelmäßige Fallbesprechungen oder Supervision. Sollte die Fachkraft oder auch Kolleg*innen feststellen, dass die professionelle Beziehung durch Abgrenzungsprobleme gefährdet ist, sollte dies offen mit Vorgesetzten und Kollegium besprochen werden können, um nach individuellen Hilfsmaßnahmen zu suchen.

Wenn die Fachkraft feststellt, dass die Hausbesuchssituation für die Klient*innen eine besondere Belastung (z. B. Ekel oder Angst) darstellt, sollte dies immer mit den Betroffenen besprochen werden und auch hier nach individuellen Möglichkeiten und Regeln gesucht werden, welche die Hausbesuchssituation für die Klient*innen leichter gestalten. Diese besonderen Auswirkungen auf die Beziehung bieten für die Maßnahme jedoch auch große Chancen. So können Hausbesuche bei Klienten, die sich zu Hause wohler fühlen, genutzt werden, um besonders schwierige Themen gezielt dort anzusprechen und Hürden abzubauen bzw. die professionelle Arbeitsbeziehung gezielt durch Hausbesuche zu fördern. Wenn Maßnahmen sowohl aufsuchend als auch in einer Beratungsstelle oder Praxis stattfinden, kann zudem gezielt differenziert werden, welche Themen der/die Klient*in besser im Hausbesuch bearbeiten/zulassen kann und welche leichter in der Beratungsstelle bearbeitet werden können. Ein Formular zur Vorbereitung des Hausbesuchs findet sich unter *Material 6*.

Besonderheiten hinsichtlich diagnostischer und interventionistischer Möglichkeiten

Das letzte Cluster stellt keine besonderen Herausforderungen, sondern ausschließlich besondere Möglichkeiten und Ressourcen dieses Settings dar. Was aus professioneller Sicht möglicherweise eine Hürde darstellt, ist aus methodischer Sicht ein Gewinn. Der Hausbesuch ermöglicht der Fachkraft im diagnostischen Prozess viel bessere und detailliertere Einblicke in die Lebenswirklichkeit der Klient*innen. Diese können bei Problemanalysen und einer praktikablen Interventionsableitung nutzbar gemacht werden. So kann die Fachkraft sehr gut aus erster Hand erfassen, wie sich der/die Klient*in in seinem/ihrem Zuhause verhält, wie gut Lebensbereiche der Selbstversorgung, der Haushaltsführung und Wohnungsreinigung funktionieren, über welche Ausstattung und Möglichkeiten der/die Klient*in zu Hause verfügt und in welchem Umfeld eine Person lebt. Auch kann eine direkte Verhaltensbeobachtung im häuslichen Umfeld erfolgen, aus der relativ authentische Informationen zu Verhaltensweisen, interpersonellen Interaktionsformen und Bewältigungsstrategien abgeleitet werden können. Auch für die direkte Intervention kann der Hausbesuch genutzt werden, um in Rollenspielen, Hausaufgaben und Verhaltensübungen Fähigkeiten und Strategien unter Realbedingungen gemeinsam üben zu können, wie dies in einer Beratungsstelle niemals möglich wäre (siehe Modul Soziale Diagnostik).

Material 5: *Checkliste Sicherheitskonzept bei Hausbesuchen*

Sicherheitsschulungen neuer Angestellter bei Einstellung:

Hygieneschutzeinweisung	Erste-Hilfe-Kurs
Deeskalationstraining	Hospitation bei erfahrener/m Kolleg*in

Eigen-/fremdgefährdende Risikofaktoren beim Hausbesuch:

- ❖ Anzahl der Personen im Haus/der Wohnung?
- ❖ Anwesenheit von (gefährlichen) Tieren?
- ❖ Ist fremdaggressives oder physisch übergriffiges Verhalten des/der Klient*in oder anderer anwesender Personen aus der Vergangenheit bekannt?
- ❖ Ist aktuell fremdaggressives oder physisch übergriffiges Verhalten des/der Klient*in oder anderer anwesender Personen zu erwarten (auch krankheitsbedingt und unabsichtlich)?
- ❖ Sind Waffen oder gefährliche Gegenstände vorhanden?
- ❖ Besteht ein Infektionsrisiko bei bekannter akuter Erkrankung?
- ❖ Besteht ein Infektionsrisiko bei bekannter chronischer Erkrankung (HIV, Hepatitis etc.)?
- ❖ Sind Erkrankungen oder Verletzungen bei dem/der Klient*in oder anderen anwesenden Personen bekannt, die zu gesundheitlichen/notfallmedizinischen Notfällen führen und Rettungsmaßnahmen erforderlich machen könnten?
- ❖ Sind bauliche Risikofaktoren vorhanden (Baustelle, offene Leitungen etc.)?
- ❖ Sind schädliche Umwelteinflüsse bekannt (Gifte, Schimmel etc.)?
- ❖ Sind außergewöhnlich starke Verunreinigungen/außergewöhnliche hygienische Belastungen zu erwarten?

Sicherheitsmaßnahmen vor jedem Hausbesuch:

- ❖ Genaue Adresse und Zeit, Name und Kontaktdaten des/der Klient*in für Kolleg*innen auffindbar im Büro platzieren.
- ❖ Immer ein Mobiltelefon bei sich tragen.
- ❖ Notrufnummern vorab speichern, wenn gewalttätiges Verhalten zu erwarten ist, und gegebenenfalls vorab die Polizei informieren.
- ❖ Gegebenenfalls Hausbesuche im Tandem durchführen (bei aggressiven Klient*innen oder wenn Zeugen benötigt werden).
- ❖ Bei Klient*innen mit bekannten gefährlichen Vorerkrankungen (Schlaganfall, Diabetes, Anfallsleiden etc.) über spezifische Notfallmaßnahmen und Notfallmedikation informieren und beim ersten Kontakt mit Klient*in absprechen, wie im Notfall zu verfahren ist.
- ❖ Niemals selbst unabgesprochen Medikamente verabreichen; wenn Notfallmedikation, z. B. während eines Anfalls, verabreicht werden soll, dies mit dem/der Klient*in und ggf. behandelndem/behandelnder Ärzt*in bei Maßnahmebeginn schriftlich fixieren.
- ❖ Erste-Hilfe-Koffer mitführen.
- ❖ Kleidung dem Termin anpassen (Verschmutzung, Beweglichkeit etc.).

Sicherheitsmaßnahmen zu Beginn jedes Hausbesuchs:

- Orientierung in dem Haus/der Wohnung.
  - Fluchtwege?
  - Wie viele Personen?
  - Potenzielle Gefahrenquellen?
- Einschätzung, ob sich schutzbedürftige Personen (Kinder, Pflegebedürftige etc.) in dem Haus/der Wohnung aufhalten.
- Einschätzung des/der Klient*in sowie anderer anwesender Personen hinsichtlich des fremdgefährdenden Verhaltens/Potenzials.
- Einhaltung von Infektionsschutzvorgaben.
- Klient*in niemals den potenziellen Fluchtweg versperren lassen.
- Möglichst in Richtung des Fluchtweges sitzen.
- In Haushalten mit außerordentlichen hygienischen Bedingungen (Schädlinge, Fäkalien etc.) ggf. Termin im Stehen abhalten, Getränke und Speisen ablehnen.
- Bei außergewöhnlicher Geruchsbelästigung diskret ein Fenster öffnen bzw. um die Öffnung eines Fensters bitten.
- Sollten mehrere, in einem Konflikt befindliche Personen anwesend sein und der Konflikt sich zuspitzen, Personen ggf. vorübergehend trennen.
- In undurchsichtigen oder gefährlichen Situationen Termin abbrechen, ggf. Notruf absetzen und sich niemals selbst in Gefahr begeben.

Sicherheitsmaßnahmen nach Beendigung eines Hausbesuchs:

(wenn außergewöhnliche Ereignisse, Konflikte, unangemessenes Verhalten oder Übergriffe stattgefunden haben)

- Ggf. Nachsorgemaßnahmen einleiten, wenn anwesende Personen besonders instabil, krisenhaft oder hilfebedürftig sind.
- Besondere Vorkommnisse unverzüglich und möglichst genau dokumentieren.
- Vorgesetzte zeitnah informieren.
- Bei Verletzungen der Fachkraft während des Hausbesuchs diese unverzüglich dem Arbeitgeber melden, Unfallbericht anfertigen und ggf. eigene ärztliche Behandlung einleiten.

Material 6: *Protokoll Vorbereitung eines Hausbesuches*

Datum: ________ Name des/der Klient*in: ____________________

Adresse: ____

Telefonnummer: ______________________________

Dauer: ________ Beginn: ________ Ende: ________

Fachkraft/Fachkräfte: ______________________________

Anlass/Ziel des heutigen Hausbesuchs: ______________________

____

Personen im Haushalt: ______________________________

____

____

Benötigte Materialien: ______________________________

____

____

Relevante aktuelle Vorinformationen: ______________________

____

____

____

____

Hausaufgaben/Absprachen der letzten Stunde: ________________

____

____

Geplante Aktivitäten/Maßnahmen des aktuellen Hausbesuchs: ____________________

____

____

____

____

Besondere Vorkommnisse: ____

____

____

Anwesende beteiligte Dritte/Kooperationspartner/Vertreter der Kostenträger:

____

____

____

Notizen/Sonstiges: ____

____

____

Unterschrift: ____

Modul 3: Ethik

Ethische Aspekte und professionelles Handeln

Die Ethik ist ein konstituierendes Merkmal der Theorie und Praxis der sozialen und pädagogischen Berufe. Dementsprechend nimmt in den Fachdiskursen die Auseinandersetzung mit ethischen Fragestellungen bereits seit Jahrzehnten einen breiten Raum ein. Die professionellen Handlungen von Fachkräften im Rahmen eines Hilfeprozesses betreffen häufig unmittelbar die alltägliche und persönliche Lebensumwelt ihrer Klientel und haben ggf. gravierende Konsequenzen für die ratsuchenden Personen sowie für deren Angehörige. Somit werden durch sozialberufliche Handlungen gegenüber der Klientel stets auch ethische Fragestellungen (z. B. Autonomie, Gerechtigkeit) berührt.

Die Fachkräfte der sozialen und pädagogischen Berufe stehen gegenüber ihrer Klientel oftmals in einer dienstlichen Machtposition (Kraus & Krieger, 2016), was wiederum ein besonderes Maß an professioneller Sorgfalt, Zuverlässigkeit und Pflichtbewusstsein erfordert, um jegliche Form von Machtmissbrauch (Diskriminierung, Bevorzugung, Benachteiligung, Verstöße gegen die Abstinenzregel, Ausbeutung, Vorteilnahme u. a.) zu vermeiden. Zudem erleben Fachkräfte in der alltäglichen Berufspraxis häufig ethische Problemkonstellationen und komplexe moralische Entscheidungsfindungen, wie z. B. das Doppel- bzw. Trippelmandat (Staub-Bernasconi, 2007, S. 36f.; Como-Zipfel, Kohlfürst & Kulke, 2019, S. 23). Dieses zeigt sich insbesondere in sich widersprechenden Mandaten und Loyalitätskonflikten. Einerseits fördern die Fachkräfte durch geeignete Hilfeleistungen die Selbstbestimmung, die Ressourcen, die persönlichen Interessen und die soziale Sicherung ihrer Klienten (Individualethik); andererseits vertreten sie aber auch die Interessen der öffentlichen Kostenträger/Leistungserbringer der sozialen Hilfe, die das Gemeinwohl repräsentieren (Sozialethik); wobei sich in vielen Fällen die Ziele zwischen den Interessen der Klient*innen und der Kostenträger deutlich widersprechen. Ergänzt wird dieses Dilemma durch die eigene professionelle Perspektive der Fachkraft auf den Hilfeprozess, die ggf. wiederum von den anderen beiden Positionen abweichen kann (Professionsethik).

Professionsethische Werte und Prinzipien in der Praxis

Psychosoziale Hilfen sind stets mit expliziten gesellschaftlichen Aufträgen im Sinne der hilfesuchenden Klientel verbunden: der Bearbeitung, Bewältigung, Reduzierung und Lösung sozialer und individueller Problemlagen; der Förderung von Eigenständigkeit, Autonomie und sozialer Teilhabe; der Realisierung der Grundsicherung. Diese Auftragslage impliziert eine Ethik, die den Menschenrechten, der Menschenwürde und der sozialen Gerechtigkeit verpflichtet ist, d. h. Normen, die eine umfassende, jedoch auch eine abstrakte Orientierungsgröße für professionsethisches Handeln bilden. Der Gegenstand der Professionsethik ist die Reflexion der konkreten Handlungen von Fachkräften, sofern sie unter moralischen Gesichtspunkten zu bewerten sind. Vor diesem Hintergrund geht sie von allgemeingültigen Fragstellungen aus: Was ist gerecht und was ist ungerecht? Was kann und darf ich tun? Zu welchem Handeln bin ich verpflichtet? Was macht eine Handlung zu einer guten (ethischen) oder einer schlechten (unethischen) Handlung? Was ist ein gutes Leben? Was ist gut für den Einzelnen und für die Gemeinschaft? (Höffe, 2013, S. 25ff.; Engelke, Spatschek & Borrmann, 2009, S. 272ff.) Das Modell *Höchste Werte und oberste Ziele sozialberuflichen Handelns* von Kaminsky *(Material 7)* konkretisiert den Auftrag und die Ziele, denen die professionellen und ethischen Handlungen der Fachkräfte gelten müssen.

Material 7: *Höchste Werte und oberste Ziele sozialberuflichen Handelns*

Höchste Werte	**Gesellschaftliche Relevanz**	**Oberste Ziele**
Eigenständigkeit	Selbstständigkeit	Befähigung zur Lebensführung
Zugehörigkeit	Teilhabe	Förderung und Erhalt von Inklusion und Partizipation
Grundsicherung	Lebensqualität	Förderung und Erhalt von materieller Versorgung und von gewaltfreien Lebensbedingungen

Kaminsky, 2017, S. 162

In der sozialberuflichen Praxis kommen sehr häufig – bisweilen sogar mehrfach täglich – ethische Konflikte vor (Como-Zipfel et al., 2019, S. 43f.). Die Inhalte dieser Konflikte können äußerst unterschiedlich und vielfältig sein, ebenso wie ihr Schweregrad. Für die Fachkräfte können sie im Berufsalltag eine Belastung darstellen, die einen erheblichen Einfluss auf deren professionelle Handlungsfähigkeit ausübt. Zudem besteht für Fachkräfte oftmals die Notwendigkeit, eigenverantwortliche ethische Entscheidungen zu treffen. Diese Entscheidungsfindung darf jedoch nicht von subjektiven moralischen Empfindungen einer Fachkraft („Bauchgefühl") abhängig sein. Daher muss neben einem Bewusstsein um die Relevanz von moralischen Problemen in der Praxis auch ein Wissen um ethische Werte und Prinzipien zu den Kompetenzen von Fachkräften gehören, um diesbezügliche Konflikte in angemessener Form zu reflektieren, zu lösen und bewältigen zu können. Als Instrumentarien zum Umgang mit komplexen ethischen Konflikten und Entscheidungssituationen können diverse Handlungsorientierungen dienen. Neben den klassischen normativen ethischen Theorien *(Grand Theories),* der Teleologie und der Tugendethik (Aristoteles), dem Utilitarismus (Jeremy Bentham, John Stuart Mill, Henry Sidgwick) sowie der Deontologie (Immanuel Kant) sind für die sozialen und pädagogischen Berufe insbesondere die ethischen Theorien mittlerer Reichweite *(Middle Range Theories)* von Bedeutung (Höffe, 2013, S. 53ff.; Lutz-Bachmann, 2013, S. 53ff.). Die Theorien mittlerer Reichweite umfassen die ursprünglich aus der Medizinethik stammenden Perspektiven der *Informierten Zustimmung* (Nürnberger Kodex) sowie den *Vier-Prinzipien-Ansatz* von Tom L. Beauchamp und James F. Childress (1979).

Die informierte Zustimmung

Neben der *Weisung des Preußischen Ministeriums der geistlichen-, Unterrichts- und Medizinalangelegenheiten* (29. Dezember 1900) stellt der Nürnberger Kodex vom 20. August 1947 den Entstehungshintergrund für die Formulierung des Prinzips der *Informierten Zustimmung* dar. Der Kodex war seinerzeit eine Reaktion auf die in den nationalsozialistischen Konzentrationslagern begangenen, grauenhaften medizinischen Experimente mit wehrlosen Menschen und bezog sich ursprünglich nur auf die Durchführung von Versuchen. Eine Neuformulierung und Erweiterung des Nürnberger Kodex wurde im Jahr 1997 durch die IPPNW (Internationale Ärzt*innen für die Verhütung des Atomkrieges/Ärzt*innen in sozialer Verantwortung) vorgenommen. Das Prinzip der informierten Zustimmung *(Material 8)* bezieht sich auf alle medizinischen Behandlungen und stellt bereits seit Jahrzehnten eine allgemeine ethische Praxis in der Arbeit mit Patienten*innen dar, die auch im Bürgerlichen Gesetzbuch (§ 630) gesetzlich verankert ist (IPPNW, 1997; Sonnenmoser, 2008; Eyal, 2011).

Material 8: *Informierte Zustimmung (Nürnberger Kodex, Art. 2, 20.8.1997)*

> Die freiwillige und informierte Einwilligung des Patienten nach bestmöglicher Aufklärung („informed consent") ist eine prinzipielle Grundlage aller Behandlungen im Gesundheitswesen, aller Heilversuche und aller medizinischen Experimente am Menschen. Nur im Falle von Notfallbehandlungen kann diese Zustimmung nachträglich eingeholt werden. (...) Anerkannte Heilbehandlungen sowie Heilversuche, die einen Nutzen für die betreffende Person haben sollen, können bei nicht-einwilligungsfähigen Menschen durchgeführt werden, wenn ersatzweise die informierte Einwilligung des gesetzmäßigen Vertreters nach dessen bestmöglicher Aufklärung vorliegt. Sie dürfen aber nicht durchgeführt werden, wenn der Betroffene sich in Ausübung seines natürlichen Willens widersetzt. (IPPNW, 1997)

Das Prinzip der informierten Zustimmung ist auf die Praxis der Sozialen Arbeit übertragbar und findet dort seit Jahren breite Anwendung. Die transparente Information der Klient*innen über die Art, den Umfang, die Methoden, die Grenzen und die potenziellen Risiken einer sozialen Dienstleistung sowie die damit verbundenen Rechte und Pflichten ist die Grundlage eines professionellen Hilfeprozesses und einer gelingenden Arbeitsbeziehung. Diese Haltung zur Transparenz spiegelt sich in der Berufsethik des Deutschen Berufsverband Soziale Arbeit (DBSH, 2014) wider *(Material 9)*.

Material 9: *Haltung zur Transparenz*

> Der Respekt vor Einzigartigkeit und Würde des Menschen wird in der Transparenz der Arbeitsbeziehung besonders deutlich. Der Mensch muss in jeder Phase des Hilfeprozesses erkennen können, wo er steht, welche Mittel die Professionellen der Sozialen Arbeit einsetzen und welche Ziele verfolgt werden. Ohne das grundsätzliche Einverständnis kann der Professionelle der Sozialen Arbeit keine professionelle Hilfe ermöglichen. Die Schaffung einer vertrauensvollen Beziehung ist erforderlich. (DBSH, 2014, S. 26)

Die Anwendung des Prinzips der informierten Zustimmung kann jedoch in der Praxis der Sozialen Arbeit aus den unterschiedlichsten Gründen an ihre Grenzen stoßen, z. B. wenn keine Einwilligungsfähigkeit besteht. Dies ist bei Minderjährigen, bei Erwachsenen, die unter gesetzlicher Betreuung stehen, oder bei Klient*innen mit einer schweren intellektuellen Minderbegabung der Fall. Zudem können Klient*innen auch vorübergehend einwilligungsunfähig sein, z. B. wenn sie temporär eine akute psychische Krise durchlaufen. In Fällen, in denen die grundlegenden Kriterien einer informierten Zustimmung *(Material 10)* nicht erfüllt werden können, liegt die Entscheidung ggf. in den Händen Dritter (z. B. Eltern, Ehegatten, gesetzliche Betreuer*innen), was durchaus neue ethische Fragen aufwerfen kann. Zudem sind weitere Probleme bei der Anwendung der informierten Zustimmung denkbar: Z. B. könnten ambivalente oder misstrauische Klienten*innen von einer umfassenden Information, die wahrheitsgemäß über Chancen und Risiken des Hilfeprozesses aufklärt, abgeschreckt werden; ängstliche oder hypochondrische Klienten*innen könnten zu deutlich vermehrter dysfunktionaler Selbstbeobachtung inspiriert werden. In diesen besonderen Fällen könnte sich eine detaillierte Aufklärung ggf. negativ auswirken – insbesondere dann, wenn Klient*innen zudem ausdrücklich wünschen, nicht informiert zu werden, und auf ihr *Recht auf Nicht-Wissen* bestehen.

Material 10: *Kriterien der informierten Zustimmung*

> 1. Klient*in muss über alle Aspekte der vorgeschlagenen Behandlung bzw. Intervention sowie der sich daraus ggf. ergebenden Folgen informiert werden.
>
> 2. Klient*in muss die Informationen verstehen können (kognitiv, sprachlich u. a.).
>
> 3. Die Entscheidung des/der Klient*in muss freiwillig sein und darf nicht aufgrund von vorherigem Druck oder Manipulation erfolgen.
>
> 4. Klient*in muss die Kompetenz zur Entscheidung besitzen.
>
> 5. Klient*in muss seine/ihre Zustimmung zur Behandlung bzw. Intervention gegeben haben – erst dann ist die zuständige Fachkraft autorisiert, mit der Intervention zu beginnen.
>
> *Lutz-Bachmann, 2013, S. 202; Schlittmaier, 2014, S. 43f.*

Der Vier-Prinzipien-Ansatz

Im Jahr 1979 veröffentlichten Tom L. Beauchamp gemeinsam mit James F. Childress erstmals die Monographie *Principles of Biomedical Ethics*. Dieses Buch stellt für den Bereich der Medizinethik wohl die weltweit am breitesten rezipierte Fachpublikation dar. Aktuell liegt das Buch in der 8. Auflage (2019) vor. In Anbetracht des zentralen Werts des Patientenwohls stellen die beiden Autoren die folgenden vier Begriffe in den Mittelpunkt ihres Modells: *1. Beneficence, 2. Non-maleficence, 3. Respect for Autonomy, 4. Justice.* Diese vier abstrakten Begriffe sind ohne Einschränkung von der Medizinethik auf die Soziale Arbeit übertragbar. Sie bedürfen jedoch inhaltlicher Konkretisierungen, durch die sie erst zu Handlungsorientierungen bei ethischen Konfliktfällen in der Praxis werden können. Die vier Prinzipien in Form von spezifizierten Regeln (Ach, 2009; Childress, 2021, S. 84f.) umfassen:

- Das Prinzip der positiven Fürsorge (Beneficence): Rette Menschen in Gefahr; sorge für die Kinder und Bedürftigen; hilf Personen ohne Einschränkung; handle zum Wohle anderer; schütze und verteidige die Rechte des anderen; beseitige Bedingungen, die anderen Schaden können; sage die Wahrheit; halte deine Versprechen.
- Das Prinzip des Nicht-Schadens (Non-maleficence): Du sollst nicht töten; füge anderen keine Schmerzen oder Leiden zu; vermeide, dass Böses oder Schaden auftritt; verursache keine Verletzungen; bestrafe keine Unschuldigen, entziehe niemandem die Lebensgrundlagen; du sollst andere nicht bestehlen oder ausbeuten.
- Das Prinzip der Selbstbestimmung (Autonomy): Respektiere die Privatsphäre des anderen und seiner Angehörigen; respektiere die Entscheidungen des anderen; wenn gefragt, hilf anderen dabei, Entscheidungen zu treffen; schütze vertrauliche Informationen des anderen.
- Das Prinzip der Gerechtigkeit (Justice): Behandle alle Menschen mit der gleichen moralischen Rücksichtnahme; achte auf eine gleichrangige Behandlung des anderen; vermeide Bevorzugung oder Benachteiligung von anderen; räume dem anderen Chancengleichheit ein; achte darauf, dass unter gleichen Bedingungen eine gleiche und bedarfsgerechte Verteilung von Ressourcen erfolgt.

In ihren Modellen *Oberste Prinzipien der Sozialen Arbeit* (2008) und *Ethische Prinzipien Sozialer Arbeit* (2017) verwendet Kaminsky die Kernelemente des Vier-Prinzipien-Ansatzes und ergänzt diese um die Begriffe *Solidarität* und *Effektivität.* Zudem konkretisiert Kaminsky die Begriffe unter einer professionsethischen Perspektive, die den Mandaten, der Praxis sowie den Handlungsmöglichkeiten der Sozialen Arbeit entspricht. In *Material 11* werden diese beiden Modelle in modifizierter Form zusammengefasst.

Material 11: *Oberste ethische Prinzipien Sozialer Arbeit*

Prinzip	Forderungen und Handlungen
Autonomie	Hoheitlichkeit des Klientelwillens; Beachtung und Schutz der Selbstbestimmungsrechte der Klient*innen; Entscheidungs- und Handlungsfähigkeit der Klient*innen wahrnehmen, respektieren und fördern.
Nicht schaden	Keine Handlung zum Nachteil der Klient*innen; Schutz der Klient*innen vor Verschlechterung ihrer Lage; mit dem professionellen Tun und Unterlassen die Rechte der Klient*innen nicht verletzen und ihre Interessen nicht durchkreuzen.
Zuträglichkeit, Wohlwollen & Fürsorge	Alle Handlungen zugunsten (der berechtigten Interessen) der Klient*innen und Klientelgruppen; Schutz der Klientel vor Verschlechterung ihrer Lage; mit dem professionellen Tun und Unterlassen zur Selbstständigkeit, Teilhabe bzw. Lebensqualität der Klient*innen beitragen.
Solidarität	Eindeutige Parteinahme; Schutz der Sozialen Arbeit vor den Interessen Dritter; in Auseinandersetzungen mit Dritten für das Interesse der Klient*innen am Erhalt und an der Förderung ihrer sozialen Existenz eintreten.
Gerechtigkeit	Nicht beliebige Verteilung eigener Ressourcen; die Ressourcen professionell sozialberuflichen Handelns gerecht verteilen; Berücksichtigung aller Klient*innen bzw. Klientelgruppen.
Effektivität	Wirksamkeit im Hinblick auf die definierten Ziele; mit Blick auf die Zielsetzungen Sozialer Arbeit die Wirksamkeit des eigenen sozialberuflichen Tuns sicherstellen bzw. wenigstens beobachten und dokumentieren; Vermeidung von Fehlinvestitionen und unnötigen Lasten.

Kaminsky, 2008 und 2017, S. 164 (modifizierte Version)

Ethische Fragestellungen im Rahmen von Hausbesuchen

Die oben dargestellten professionsethischen Handlungsorientierungen der *Informierten Zustimmung* sowie des *Vier-Prinzipien-Ansatzes* bzw. der *Obersten ethischen Prinzipien Sozialer Arbeit* sind auch bei der Vorbereitung und Durchführung von Hausbesuchen zu beachten. Hausbesuche erfordern von den Fachkräften eine besondere ethische Sorgfalt, da sie unmittelbar in das private Lebensumfeld der Klient*innen eindringen und dadurch bisweilen auch deren Intimbereich berühren können – ggf. auch den Dritter (z. B. von Familienangehörigen, Mitbewohnern in einer WG). Zudem sind die o. g. Handlungsorientierungen kompatibel mit den rechtlichen Vorgaben, die bei Hausbesuchen relevant sind (z. B. Schutz der Privatsphäre, Datenschutz). Aus professionsethischer Perspektive müssen die fallverantwortlichen Fachkräfte prinzipiell entscheiden, wann die Methode des Hausbesuchs durchgeführt werden darf bzw. muss, damit sie einerseits die Selbstständigkeit, Teilhabe und Versorgung ihrer Klient*innen nicht gefährdet, sondern unterstützt und fördert; andererseits damit sie die Fachlichkeit, Qualität und Effektivität (überprüft durch Dokumentation und Evaluation) des professionellen Handelns nicht gefährdet, sondern erhält und fördert. In diesem Zusammenhang gilt auch für Hausbesuche das organisationsethische *Prinzip der minimalen Intervention,* wonach nur die geringstmöglichen Mittel angemessen eingesetzt werden sollten, um etwaige Belastungen für die Klient*innen zu begrenzen sowie den Arbeitseinsatz der Fachkräfte ökonomisch zu planen (Kanfer, Reinecker & Schmelzer, 2012, S. 14; Kaminsky, 2021, S. 10f.).

Im Folgenden werden zwei Checklisten mit Fragestellungen zu ethischen Aspekten des Hausbesuchs vorgestellt. Diese Listen konzentrieren sich auf die Vorbereitung sowie die Nachbereitung des Besuchs, also die Planung und Reflexion der Durchführung. Die Checklisten beziehen sich insbesondere auf angemeldete Hausbesuche *(Material 12 und 13).*

Material 12: *Ethische Aspekte des Hausbesuchs – Vorbereitung*

- ❖ Wurde der/die Klient*in (oder die gesetzliche Vertretung) über den bevorstehenden Hausbesuch unterrichtet und gemeinsam ein Termin festgelegt?
- ❖ Wurde der/die Klient*in (oder die gesetzliche Vertretung) über Grund, Themen, Ziele und Dauer des Hausbesuchs informiert?
- ❖ Wurde vor dem Hausbesuch durch die Fachkräfte ein bestimmtes Ziel sowie ein Erfolgskriterium definiert?
- ❖ Wurde der/die Klient*in informiert, welche/wie viele Fachkräfte den Hausbesuch durchführen?
- ❖ Hat der/die Klient*in (oder die gesetzliche Vertretung) dem bevorstehenden Hausbesuch zugestimmt?
- ❖ Wurde der/die Klient*in informiert, dass er/sie das Recht hat, den laufenden Hausbesuch vorzeitig zu beenden?
- ❖ Sind den Fachkräften Gründe bekannt, die in diesem Fall prinzipiell oder temporär gegen einen Hausbesuch sprechen?
- ❖ Gibt es eine Alternative zur Durchführung eines Hausbesuchs oder besteht eine fachlich begründete Notwendigkeit dazu?

- Ist bekannt, ob der Hausbesuch für den/die Klient*in einen erheblichen Aufwand bzw. Stress bedeutet (Organisation, Zeitmanagement, Aufräumen der Wohnung, Umgang mit Mitbewohner*innen u. a.)?
- Ist bekannt, ob während des Hausbesuchs nur der/die Klient*in anwesend ist oder auch Dritte (z. B. Angehörige, Mitbewohner*innen, Betreuer*innen)?
- Kann gewährleistet werden, dass die Privatsphäre des/r Klient*in sowie die von ggf. anwesenden Dritten gewahrt bleibt?
- Besteht die Gefahr, dass es durch den Hausbesuch zu unerwünschten Nebeneffekten für den/die Klient*in kommen kann und wie können diese vermieden bzw. minimiert werden?
- Haben die Fachkräfte Informationen über den persönlichen Lebensstil sowie die religiösen, weltanschaulichen, kulturellen oder politischen Überzeugungen und Praktiken der/s Klient*in, die während des Hausbesuchs relevant werden könnten, und muss ggf. eine Fachkraft mit interkulturellen Kompetenzen hinzugezogen werden?
- Können die Fachkräfte garantieren, dass sie einen prinzipiellen Respekt vor dem persönlichen Lebensstil sowie den religiösen, weltanschaulichen oder politischen Überzeugungen und Praktiken der/s Klient*in haben?
- Können die Fachkräfte garantieren, dass sie den/die Klient*in aufgrund von dessen/deren Herkunft, Geschlecht, Ethnie, Religion, politischer Überzeugung, Aussehen, Alter, Gesundheitszustand, Bildungsstand und sozioökonomischen Status nicht diskriminieren werden?
- Können die Fachkräfte garantieren, dass sie den/die Klient*in aufgrund ihrer eigenen persönlichen Ideen von einem guten Leben und von Normalität nicht diskriminieren werden?
- Haben die Fachkräfte Informationen über die Sprachkompetenzen der/s Klient*in (insbesondere, wenn diese/r einen Migrationshintergrund hat) und muss ggf. ein/e Dolmetscher*in hinzugezogen werden?
- Haben die Fachkräfte Informationen über die Haltung der/s Klient*in zum Hilfeprozess im Allgemeinen und zum Hausbesuch im Besonderen (eher unmotiviert und ablehnend oder motiviert und zustimmend)?
- Kann gewährleistet werden, dass während des Hausbesuchs nur die für den Hilfeprozess notwendigen Informationen über den/die Klient*in in Erfahrung gebracht werden?
- Kann gewährleistet werden, dass die während des Hausbesuchs gewonnenen personenbezogenen Informationen über den/die Klient*in vertraulich behandelt und nicht an Dritte weitergegeben werden?
- Sind alle am Hausbesuch beteiligten Fachkräfte zur Einhaltung der Schweigepflicht verpflichtet?
- Kann gewährleistet werden, dass die während des Hausbesuchs gewonnenen personenbezogenen Informationen über den/die Klient*in nur dann Dritten offenbart werden, wenn das Einverständnis des/r Klient*in gegeben wurde bzw. wenn rechtliche Gründe dies vorsehen?
- Sind die Fachkräfte geübt und erfahren in der Durchführung von Hausbesuchen?
- Sind die Fachkräfte ausreichend qualifiziert, um die spezielle Problemlage der/s Klient*in bearbeiten zu können?
- Hat der/die Klient*in die Möglichkeit am Ende des Hausbesuchs ein Feedback zu geben (z. B. Evaluationsbogen oder Zielerreichung)?

Material 13: *Ethische Aspekte des Hausbesuchs – Nachbereitung*

- Wurde das Feedback der/s Klient*in ausgewertet und diskutiert?
- Wurden die Ergebnisse des Hausbesuchs schriftlich protokolliert (anwesende Personen, behandelte Themen, Beschreibung der Vorgehensweise, Erreichung der Ziele) und ist dieses Protokoll dem/r Klient*in oder der gesetzlichen Vertretung zugänglich?
- Wurden die Ziele des Hausbesuchs erreicht? (Einschätzung der Fachkraft)
- Wurden durch den Hausbesuch neue Informationen gewonnen, die wichtig für den künftigen Hilfeprozess sind (z. B. Veränderung der Interventionsziele)? (Einschätzung der Fachkraft)
- Wurden durch den Hausbesuch die Autonomie, die Teilhabe und die Versorgung der/s Klient*in stabilisiert oder gefördert? (Einschätzung der Fachkraft)
- Wurden durch den Hausbesuch die individuellen Problemlagen der/s Klient*in reduziert? (Einschätzung der Fachkraft)
- Wurde durch den Hausbesuch die Arbeitsbeziehung zwischen Fachkraft und Klient*in stabilisiert oder gefördert? (Einschätzung der Fachkraft)
- Hat der/die Klient*in während des Hausbesuchs im Rahmen seiner/ihrer Möglichkeiten an der Erarbeitung der Ziele des Hausbesuchs mitgewirkt? (Einschätzung der Fachkraft)
- Haben sich die Fachkräfte während des Hausbesuchs gegenüber der/m Klient*in respektvoll, vorurteilsfrei und wertschätzend verhalten? (Einschätzung der Fachkraft)
- Haben die Fachkräfte während des Hausbesuchs die aktuellen individuellen Fähigkeiten und Ressourcen der/s Klient*in wertschätzend beurteilt und gefördert? (Einschätzung der Fachkraft)
- Haben sich während des Hausbesuchs Fragestellungen, Irritationen, Spannungen oder Konflikte zwischen den Fachkräften und der/m Klient*in entwickelt, die den künftigen Hilfeprozess beeinflussen können? (Einschätzung der Fachkraft)

Modul 4: Krisen

Zum Begriff der Krise

Die Krisenintervention stellt eine besondere Form des Hausbesuchs dar, welche jedoch prinzipiell auch in allen anderen Handlungsfeldern aufsuchender Arbeit vorkommen kann. Es ist grundsätzlich zwischen psychiatrischen Krisen aufgrund der Zuspitzung einer psychischen Störung einerseits und psychosozialen Krisen aufgrund akut belastender Life Events ohne vorausgehende seelische Erkrankung andererseits zu unterscheiden (Stein, 2020, S. 25f.). Psychiatrische Krisen treten vor allem in den Akutphasen von schizophrenen und affektiven Erkrankungen auf, aber auch bei Angst- und Zwangsstörungen, Essstörungen, Sucht, Persönlichkeitsstörungen, Traumatisierungen oder sonstigen schweren Belastungen (Fischer, Frey, Hofmann & Schäfer, 2021, S. 59ff.). Psychosoziale Krisen hingegen weisen eine extrem hohe Heterogenität auf und können jede Form von Lebenssituationen und Ereignissen umfassen, wenn ein Ungleichgewicht zwischen der aktuellen äußeren Belastung und den derzeit zur Verfügung stehenden Bewältigungsstrategien einer Person entsteht (Stein, 2015, S. 25). Dies betrifft vor allem den Verlust von nahestehenden Personen durch Trennung oder Todesfälle, den Verlust des Arbeitsplatzes oder andere finanzielle und existenzielle Nöte, (häusliche) Gewalterfahrungen, Ehe- und Partnerschaftskonflikte, schwere, lebensbedrohliche oder lebensverändernde somatische Erkrankungen, Überforderung in der Erziehung von Kindern oder der Pflege angehöriger Personen, Konflikte mit dem Gesetz bis hin zu diffusem Überforderungserleben in der aktuellen Lebenssituation (z. B. Kunz, Scheuermann & Schürrmann, 2009). Jede Krise ist anders und stellt eine akute Zuspitzung eines sich über längere Zeit aufbauenden Problems oder auch eines plötzlich auftretenden unerwarteten und einschneidenden Life Events dar. Krisen gehen immer mit starken Überforderungs- und Belastungsgefühlen bzw. starken Anspannungszuständen einher und führen zu einer vorübergehenden Dekompensation der betroffenen Person. Krisen, egal ob psychiatrisch oder psychosozial, sind immer auch ein Risikofaktor für suizidales oder auch parasuizidales Verhalten (z. B. Rupp, 2014; Jordan, Heinemann & Marx, 2016; Sonneck, Kapusta, Tomandl & Voracek, 2016). Sie schränken die betroffene Person besonders stark in ihrem Erleben und ihren Handlungsmöglichkeiten ein (Einengung, Tunnelblick), sind meist hochemotional aufgeladen und gehen mit einem Gefühl der Ausweglosigkeit einher (z. B. Stein, 2015, S. 59f.). Sie stellen daher besondere Herausforderungen an die betreuende Fachkraft dar und sind für diese ebenfalls ein außergewöhnlicher Belastungsfaktor für die eigene Psychohygiene. Die Fachkraft muss daher ihre eigenen Grenzen nach „innen“ sehr gut kennen und auf die Gefahr persönlicher „Verstrickungen“ in den Fall achten (Fischer, 2021b, S. 240f.).

Krisenintervention im Hausbesuch

In Kliniken oder stationären Einrichtungen können Krisen aufgrund des höheren Personalschlüssels und der spezialisierten Umgebung leichter aufgefangen und kompensiert werden als im ambulanten Setting. Zudem sind im stationären Kontext eine engmaschigere Betreuung und Überwachung bei fraglicher Suizidalität möglich. Im ambulanten Setting ist dies schwieriger und es geht immer um die Frage der Stabilisierung und Absprachefähigkeit, da sich eine psychiatrische oder psychosoziale Krise im schlimmsten Fall bis zu konkreten Suizidversuchen oder auch fremdaggressivem Verhalten zuspitzen kann und es somit um die Frage des Lebens und der körperlichen Unversehrtheit geht. Aus diesem Grund ist das zentrale Ziel einer Krisenintervention zunächst nicht die Lösung des zugrunde liegenden Problems, sondern die kurzfristige Stabilisierung und Entlastung der Betroffenen (Rupp, 2014, S. 63, oder Stein, 2015, S. 85). Es geht darum, die Personen in der Krise wieder handlungsfähig zu machen und sich selbst Hilfe und Unterstützung für die Bewältigung der eigentlichen Ursache der Krise zu holen. Krisenintervention ist keine Psychotherapie oder Beratung (Fischer, 2021a, S. 16), sondern eine schnelle, kurzfristige, d. h. auf die aktuelle Situation ausgerichtete, funktionale, methodenflexible, aktive und die Umwelt einbeziehende Hilfestellung und Entlastung (Sonneck et al., 2016, S. 20). Beratung und Psychotherapie folgen immer danach, in einem dem Problem angemessenen und spezialisierten Angebot/Setting. Wenn man sich also eine persönliche Krise als ein brennendes Haus vorstellt, wäre die Aufgabe der Krisenintervention demnach, alle Personen sofort aus dem Haus zu evakuieren und den Brand zu löschen. Damit ist die eigentliche Krisenintervention abgeschlossen. Die Löschung des Brandes, die Versorgung von Verletzungen, der Wiederaufbau des Gebäudes und die versicherungsrechtliche Erstattung folgen danach in Form von weiterführenden ambulanten, teilstationären oder stationären Behandlungen, Therapien, Beratungen und Hilfeleistungen.

Engmaschige Hausbesuche stellen bei ambulanten Krisen oftmals die einzig mögliche unmittelbare Interventionsform außerhalb einer Klinikeinweisung dar. Sie bieten zudem gleich die Möglichkeit, das soziale Umfeld miteinzubeziehen. Andererseits stellen gerade Hausbesuche bei akuten Krisen eine Herausforderung und ein hohes Risiko für die aufsuchende Fachkraft dar, weshalb Fachkräfte hier immer nur zu zweit im Einsatz sein (Rupp, 2017, S. 61) und die Sicherheitsregeln aus dem Modul „Besonderheiten des Settings“ in diesem Band Beachtung finden sollten.

Hausbesuche sind unumgänglich bei Krisen mit psychotischen oder akut suizidalen Menschen oder akuten Familienproblemen, vor allem wenn Kinder involviert sind (Rupp, 2017, S. 61). Weiterhin zu empfehlen sind Krisenhausbesuche bei unklaren Situationen, generell bei Beziehungskonflikten, älteren Personen, Personen mit betroffenen Kindern im Haushalt oder verwahrlosten Personen (ebd.). Nicht sinnvoll hingegen sind sie bei Personen, die Notdienste und niedrigschwellige Angebote in missbräuchlicher Form in Anspruch nehmen, da diese in ihrer inadäquaten Suche nach Zuwendung, Aufmerksamkeit oder Bestätigung durch den Hausbesuch verstärkt werden und die Problematik im Sinne eines sekundären Krankheitsgewinns der betroffenen Person unbeabsichtigt aufrechterhalten werden kann (ebd.) Außerdem sind Hausbesuche insgesamt sehr zeit- und personalaufwendig, sodass bei missbräuchlicher Nutzung aufsuchender Dienste Ressourcen in unangemessenem Umfang gebunden werden. Eine Checkliste für Krisenintervention im Hausbesuch findet sich unter *Material 14*.

Schlüsselsyndrome und strukturierter Ablauf einer Krisenintervention

Aufgrund der bereits angesprochenen großen Heterogenität von Krisen und aufgrund der bei hohen akuten Belastungen bzw. Gefährdungen gebotenen schnellen und damit zumeist ungeplanten Intervention, erfordert eine erfolgreiche Krisenintervention gleichermaßen ein pragmatisches und flexibles sowie auch strukturiertes Vorgehen. Deshalb empfiehlt Rupp (2017, S. 28ff.), unabhängig von zugrunde liegenden psychiatrischen Diagnosen (Schizophrenie, Demenz, Depression etc.) oder aktuellen Life Events (Verlust/Trauer, Trennung, Partnerschaftskonflikt, Überforderung, Unfallgeschehen etc.), ein an zentralen Schlüsselsyndromen orientiertes Vorgehen:

Tabelle 2: *Schlüsselsyndrome psychosozialer Krisen (nach Rupp, 2017, S. 28)*

Schlüsselsyndrom	Psychische und soziale Funktionseinschränkung
Benommen, verwirrt	Störung des Bewusstseins
Unruhig, komisch, wahnhaft	Störung des Realitätsbezuges in Bezug auf Wahrnehmen, Denken und Handeln
Verzweifelt, suizidal	Störung des Affekts mit Verzweiflung, Hoffnungslosigkeit, Trauma und Depression
Konflikt, Gewalt	Störung des Sozialverhaltens mit Grenzüberschreitungen und fehlender Impulskontrolle
Alkohol, Drogenproblem	Störung durch psychoaktiven Suchtmittelmissbrauch
Angst, Panik	Angststörungen und Phobien ohne Verlust des Realitätsbezuges
Chronisch-akut	„Schwerwiegende Persönlichkeit" mit wiederholtem Drängen auf Hilfe, ohne dass die Hilfe hilft.

Der Inhalt der Krisenintervention wird dabei definiert durch den gesetzlichen Auftrag, das konkrete Anliegen der hilfesuchenden Person und das zur Verfügung stehende Angebot der Fachkräfte.

Die Krisenintervention sollte immer dem individuellen Anliegen Rechnung tragen und hinsichtlich des methodischen Ansatzes flexibel und unabhängig von schulenspezifischen Beratungs- und/oder Therapieansätzen sein. Dabei ist es trotz aller Flexibilität und Individualität gerade bei Kriseninterventionen extrem wichtig, dass diese klar durchstrukturiert sind und ein klares Vorgehen verfolgen, welches immer auf aktives Handeln, unmittelbare Unterstützung, eng umgrenzte akute Inhalte und Entlastung abzielt. Sonneck und Kollegen (2016, S. 106ff.) und Rupp (2014, S. 22ff.) empfehlen hier ein relativ deckungsgleiches fünfstufiges Vorgehen, wohingegen Stein (2015, S. 89ff.) die Krisenintervention in acht Stufen unterteilt. Diese lassen sich übergreifend in vier relevante Phasen der Krisenintervention unterteilen. Zum Ablauf einer Krisenintervention siehe auch *Material 14*.

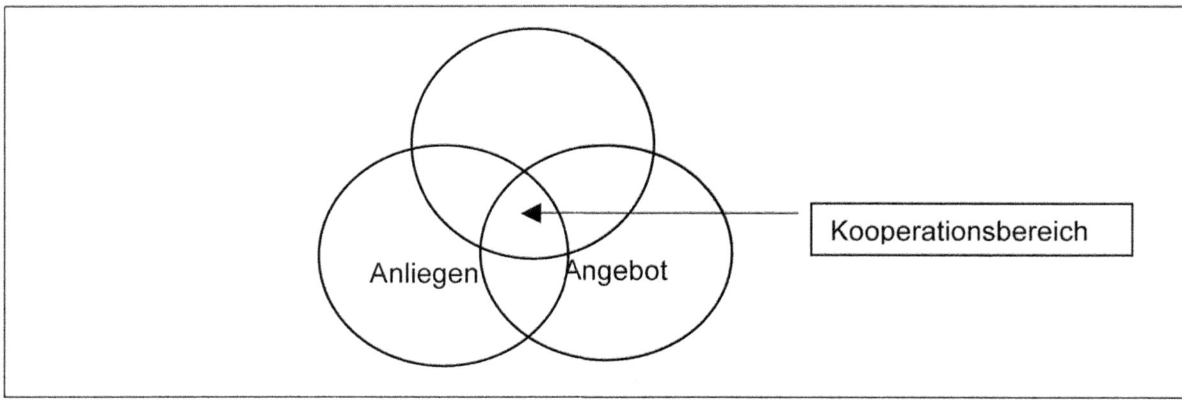

Abbildung 3: *Auftragslage und Bereich der Zusammenarbeit in der Krisenintervention (nach Rupp, 2014, S. 53)*

Tabelle 3: *Ablauf einer Krisenintervention (eigene Darstellung basierend auf den Modellen von Sonneck et al., 2016, S. 106ff., Rupp, 2014, S. 22ff., und Stein, 2015, S. 89ff.)*

Phase der Krisenintervention	**Ablauf einer Krisenintervention nach:**		
	Sonneck und Kollegen (2016) basierend auf dem BELLA-System	Rupp (2014)	Stein (2015)
Beziehungsphase Ziel: in Kontakt treten	Beziehung aufbauen	Verbinden	Beziehungsherstellung
		Vorbereiten	
Informationsphase/Abklärungsphase	Erfassen der Situation	Verstehen	Klärung der Situation
Ziel: Verstehen, Zieldefinition			Situationsanalyse und Problemdefinition
			Kontrakt
Interventions- und Entlastungsphase Ziel: Unterstützung, Wiederherstellen von Kontrolle	Linderung von Symptomen	Verändern	Problembearbeitung
	Leute einbeziehen, die unterstützen		Einbeziehung des sozialen Umfelds
	Ansatz der Problembewältigung		Direkte Unterstützung, Vermittlung von Hilfen
Abschlussphase Ziel: Ausblick, Abgrenzung		Verabschieden	Abschluss der Krisenintervention

Gefährdungsabklärung und Suizidalität

Da Krisen immer mit besonderen Gefährdungsrisiken einhergehen, muss der erste Schritt des Beziehungsaufbaus und der Vorbereitung bereits eine Einschätzung der Dringlichkeit und Priorisierung der Gefährdungslagen, eine sogenannte „Triage“ (Rupp, 2017, S. 127), beinhalten. Anhand dieser Gefährdungseinstufung wird die weitere Krisenintervention ausgerichtet. Höchste Dringlichkeit haben akut suizidale Menschen, die alleine sind oder sich bereits am Beginn eines Suizidversuchs befinden (ebd.). Hier ist das sofortige Hinzuziehen von Rettungskräften und der Polizei geboten. Danach kommen Personen mit hoher Dringlichkeit, wie alle übrigen Suizidgefährdeten, Opfer von Gewalt, Verbrechen oder Unfällen, Alleinstehende, isolierte oder alleinerziehende Personen mit Kindern im Haushalt sowie Menschen mit Doppeldiagnosen oder Multiproblemsituationen (ebd.). Danach folgen alle anderen in einer Krise befindlichen oder beteiligten Personen.

Suizidalität erfährt in der Krisenintervention besondere Relevanz und sollte in jeder Krisenintervention standardmäßig mit abgeklärt werden. Grundsätzlich gilt, dass es niemals falsch ist, suizidale Absichten offen und direkt anzusprechen und abzufragen und die eigene Besorgnis, Zweifel und ungute „Bauchgefühle“ der Fachkraft den Klient*innen gegenüber immer ernst zu nehmen (Rupp, 2017, S. 132). Laut Lieb, Frauenknecht und Brunnhuber (2008) kündigen 80 % der Betroffenen zuvor ihren Suizidversuch an und 30 bis 40 % hatten bereits in der Vergangenheit einen Suizidversuch. Risikogruppen für Suizidgefährdung sind nach Stein (2020, S. 113):

- Menschen mit Suizidversuchen in der Vorgeschichte
- Menschen, die einen Suizid angekündigt haben
- Menschen mit Depressionen oder bipolaren Störungen
- Menschen mit einem stoffgebundenen Suchtproblem
- Alte und vereinsamte Menschen
- Menschen mit Persönlichkeitsstörungen
- Menschen mit Erkrankungen aus dem schizophrenen Formenkreis
- Menschen mit schweren und chronischen somatischen Erkrankungen.

Um die Suizidabsicht näher abzuklären, ist es diagnostisch wichtig, sich die suizidalen Gedanken durch angemessenes Befragen möglichst genau und detailliert beschreiben zu lassen (Rupp, 2014, S. 132):

- Was war der Auslöser der aktuellen Krise?
- Seit wann bestehen die Gedanken bzgl. eines Suizids?
- Gab es schon früher Suizidgedanken oder kennen Sie Personen, die Suizid begangen haben?
- Auf welche Weise wollten Sie Ihr Leben beenden und welche Vorbereitungen haben Sie getroffen?
- Welche Auswirkungen auf Ihr Umfeld haben Sie durch Ihren Suizid erwartet?
- Wie sind Sie bisher mit den belastenden Gedanken und der Verzweiflung fertig geworden?
- Was hat Sie bisher davon abgehalten, Suizid zu begehen?

Manche Personen haben sich auf ihren Suizid so gut vorbereitet, dass sie sehr klar verneinend auf diese Fragen antworten können. Wenn dennoch Zweifel oder Unsicherheit bestehen, wie aufrichtig eine betroffene Person antwortet, kann eine paradoxe Intervention mit der Frage, „Warum wollen Sie noch leben?“, sinnvoll sein (Jordan et al., 2016, S. 46). Wenn hierauf eine zögerliche Antwort folgt, sollte die Fachkraft im Zweifel von einer suizidalen Gefahr ausgehen (ebd.).

Grundsätzlich sollte in Fällen, in denen eine suizidale Handlung bereits vorbereitet oder schon begonnen wurde, sowie in allen Fällen, in denen die Eskalation zu einer Bedrohung für die Fachkraft oder anwesende Dritte werden könnte, eine Hinzuziehung durch Polizei und/oder Rettungsdienst über den Notruf 112 erfolgen. Bei dieser Stufe der Eskalation sollte dies im Zweifelsfall auch gegen den Willen des/der Klient*in erfolgen, um dauerhaften Schaden abzuwenden und das Leben des/der Klient*in zu retten. Es empfiehlt sich, bei einer vorliegenden Suizidgefahr oder nach einem fehlgeschlagenen Suizidversuch außerdem ausgewiesene Expert*innen und Fachstellen wie Suizidpräventionsstellen, Krisendienste oder entsprechende Fachberatungsstellen zur Gefährdungsabklärung und zur Beratung der involvierten Fachkräfte miteinzubeziehen. In lebensbedrohlichen Situationen darf eine eventuelle Schädigung der Arbeitsbeziehung durch Hinzuziehung weiterer Stellen (auch gegen den Willen der Klient*innen) keine Rolle spielen. Die Sicherheit von Leib und Leben der Beteiligten hat hier absoluten Vorrang. Ein gegebenenfalls anschließender Beziehungsabbruch der Klient*innen muss hier von Fachkraftseite an dieser Stelle in Kauf genommen werden. Zum Umgang mit Suizidalität siehe *Material 15*.

Material 14: *Ablaufschema Krisenintervention*

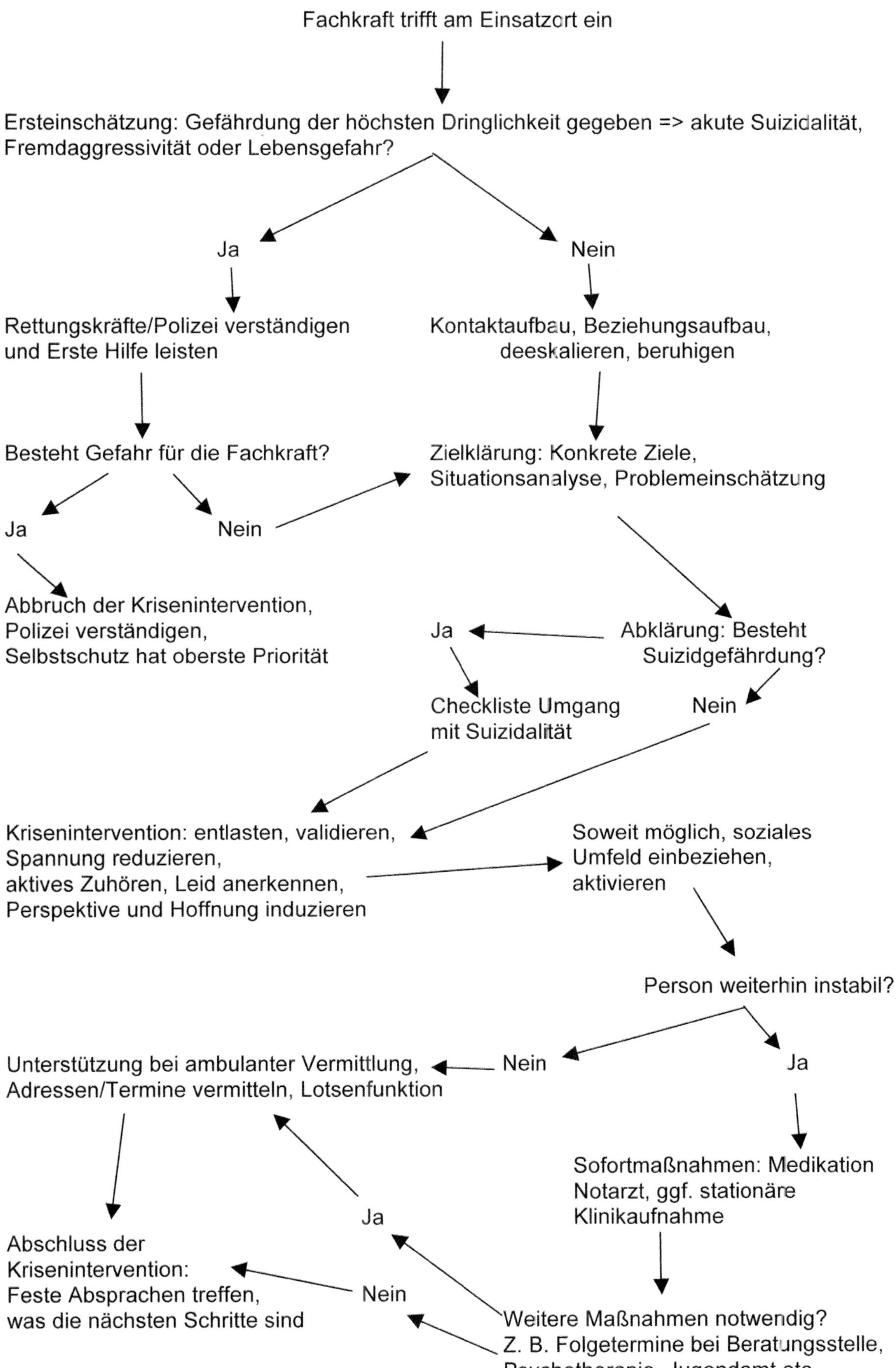

Material 15: *Checklisten ambulante Krisenintervention*

Risikofaktoren für Krisen
nach DyRIAS®: Dynamisches Risiko-Analyse-System (Rupp, 2014, S. 68)

Hohes Risiko

- Selbst-/Fremdgefährdendes Verhalten (auch Androhung oder Erfahrungen in Vorgeschichte)
- Suchtmittel
- fehlendes soziales Netz
- akuter Beziehungskonflikt
- subjektive Aussichtslosigkeit
- erhöhte Vulnerabilität (Traumatisierung, erhöhte Kränkbarkeit etc.)
- geringe Selbstkompetenz (Bildung, Sozialisation)

Sehr hohes Risiko

- Selbst-/Fremdgefährdung mit subjektiver Hilflosigkeit
- Befähigung zu destruktiven Handlungen
- Rechtfertigung der Handlung bzw. Schädigung des Opfers
- Akzeptanz der Handlungskonsequenz

Vorgehensweisen/Methoden und Grundprinzipien bei der Durchführung von Kriseninterventionen (unter Bezugnahme auf Frey & Fischer, 2021; Rupp, 2014; Sonneck et al., 2016; Stein, 2015; 2020)

- Anliegen und Leid ernst nehmen, Problem/Krise validieren und würdigen, Verständnis zeigen
- Kontakt herstellen, Vertrauensbasis schaffen
- aktives Zuhören, gezieltes Nachfragen, Reframing, Interesse und Aufmerksamkeit vermitteln
- Verschwiegenheit betonen
- (Methoden-)Flexibilität, Lösungs- und Ressourcenorientierung
- Hoffnung induzieren, Perspektiven aufzeigen, Zuversicht ausstrahlen
- Respekt, emotionale Wärme und Empathie zeigen
- ausreichend Zeit und Raum für das Problem geben, aussprechen lassen
- Einbeziehung der sozialen Umwelt, kurzfristig soziales Bezugssystem zur Stabilisierung heranziehen
- *Nicht* versuchen, die Ursachen der Krisen in der Krisenintervention zu bearbeiten/lösen, es geht um schnelle Stabilisierung/Entlastung
- Krisenanlass eingrenzen auf konkrete Situation, klar benennen lassen, Klient*in Themen selbst ordnen lassen, aber Strukturierungshilfen geben
- Ressourcen explorieren
- gemeinsame Zieldefinition/gibt es unterschiedliche Aufträge (bei mehreren Beteiligten)?

- Entlastung und Erleichterung durch Gefühlsäußerungen
- auf Gesamtwahrnehmung achten: Mimik, Gestik, Ausdruck, Intonation, Widersprüchlichkeiten
- bei starken Anspannungszuständen: Entspannungsverfahren (PMR; AT), Atemübungen, Imaginationsübungen (z. B. sicherer Ort oder innerer Helfer)
- bei (Partnerschafts-)Konflikten in Krisen: moderieren, schlichten, ggf. zeitweise räumliche Trennung induzieren, nicht versuchen, den Konflikt in der Krisensituation zu lösen oder zu bearbeiten
- Krisen einen Sinn geben (Krise als Chance)
- bei sehr zugespitzten längeren Krisen, insbesondere bei mehreren Beteiligten, kurze Pausen (Time-out) vereinbaren, ggf. soweit möglich mit Beteiligten getrennt sprechen
- Psychohygiene der Betroffenen fördern: Bedeutung von fester Tagesstruktur, angenehmen Aktivitäten, ausreichend Ruhephasen/Schlaf, regelmäßigem Essen/Trinken, Sport und Rückzugsmöglichkeiten betonen/erläutern
- bei psychiatrischen Störungen psychoedukative Elemente zum Krankheitsverständnis entlastend einbauen (in Krisenintervention nur, wenn Krankheitseinsicht gegeben ist, sonst nicht, um Krise nicht weiter zuzuspitzen!)
- Empfehlungen zu Bedarfsmedikation (auch wenn vorhanden) nur mit klarer ärztlicher Abklärung/ Verordnung
- Krisentagebuch schreiben lassen
- Rahmenbedingungen schaffen, dem/der Klient*in Gefühl von Sicherheit und Kontrolle wiedergeben
- Hilfe zur Selbsthilfe fördern: betonen, dass Klient*in selbst aktiv werden kann und es immer mehrere Handlungsalternativen gibt
- professionelle Hilfesysteme nutzen, Weitervermittlung/Lotsenfunktion weiterführender Hilfen (Beratungsstellen für Schulden, Sucht, Erziehung etc., Psychotherapie, finanzielle Hilfen/Sozialleistungen etc.), konkrete Hilfestrukturen aufzeigen, Kontakt herstellen
- bei Abschluss Notfallplan besprechen, wenn Situation nicht mehr auszuhalten ist: Was ist dann zu tun? Aufschreiben lassen
- bei Abschluss: feste klare Absprachen über das weitere Vorgehen treffen (z. B.: Soll sich die Person zu einem bestimmten Zeitpunkt an bestimmter Stelle melden? Was hat es für Konsequenzen (ganz konkret), wenn sich die betroffene Person nicht meldet?)
- sich mit Handschlag versprechen lassen, in einem festgelegten Zeitraum (mindestens bis zur nächsten Beratungs-/Therapiestunde) keine suizidalen Handlungen zu begehen, oder dies in einem „Lebensvertrag" schriftlich fixieren
- wenn bei Abschluss keine ausreichende Stabilität erreicht werden kann: kurzfristige direkte Hilfen und Schutzmaßnahmen: Medikation (nur unter ärztlicher Abklärung), Aufnahme in stationäre Klinik, vorübergehende Unterbringung bei Freunden/Familie, Frauenhäusern, Hotels etc., Rettungsdienst rufen, Krankschreibung (bei Arbeitskrisen)

Material 16: *Checkliste Suizidalität*

Risikofaktoren für Suizidgefährdung (u. a. nach Stein, 2020):

- Suizidversuche in der Vergangenheit
- suizidale Äußerungen/Ankündigungen
- Fälle von Suizid im Familien- oder Freundeskreis
- affektive Störungen
- Alkohol-, Drogen- oder Medikamentenabhängigkeit
- höheres Lebensalter
- einsame oder sozial isolierte Menschen
- schizophrene oder wahnhafte Menschen
- Persönlichkeitsstörungen (insbesondere Borderline-Störung oder antisoziale Persönlichkeitsstörung)
- Menschen mit schweren körperlichen Erkrankungen
- Menschen, die ein Kind verloren haben
- Menschen, die zu einer Haftstrafe verurteilt worden sind

Abklärung von Suizidalität (u. a. nach Jordan et al., 2016; Rupp, 2017; Stein, 2015):

- Suizidalität, Suizidgedanken oder Suizidpläne direkt und klar ansprechen und abfragen, nicht in Metaphern sprechen oder „drum herum“ reden.
- Ggf. paradox fragen, warum man noch leben möchte (nur da, wo Suizidalität verneint wird, aber deutliche Bedenken an dem Wahrheitsgehalt der Aussage bestehen).
- Plötzliche deutliche Verbesserung der Stimmung in der Krise oder wenn Personen plötzlich ganz ruhig werden, kann das ein Hinweis auf Suizidalität sein.
- Über Suizidgedanken zu sprechen, ist für Betroffene häufig eine Entlastung.
- Gehört Klient*in zu einer Risikogruppe?
- Wie konkret sind die Suizidgedanken?
- Sind die Suizidgedanken bewusst herbeigeführt oder drängen sie sich auf?
- Wie groß ist das Ausmaß an erlebter Hilflosigkeit und kognitiver und perzeptiver Einengung?
- Wie sind aktuell der Schlaf, der Appetit oder das körperliche Befinden (körperliche Symptome)?
- Entsprachen die Reaktionen den Erwartungen des/der Klient*in?
- Lässt sich eine Beziehung aufbauen? Ist der/die Klient*in noch zu erreichen und zu einem Gespräch bereit?
- Hat der/die Klient*in noch Zukunftsperspektiven? Welche Ressourcen und Werte hat er/sie?
- Affizierbarkeit, Realitätsempfinden und Selbstkontrolle noch gegeben?
- Suizidale Pläne und Gedanken so konkret und detailliert wie möglich beschreiben lassen:
  - Seit wann bestehen die Gedanken und in welchen Situationen treten sie auf?
  - Wann sind die Gedanken das erste Mal aufgetreten?
  - Gab es schon früher Suizidgedanken/Pläne?

- „Wer weiß von den Suizidabsichten? Wie haben die Personen darauf reagiert? Welche Vorbereitungen zur Umsetzung des Suizides wurden bereits getroffen oder geplant?
- „Wie wollten Sie den Suizid begehen?“ Konkret die geplanten Handlungen beschreiben lassen (Ort, Zeit, Methode, Vorgehen).
- „Welche Auswirkungen auf Ihr Umfeld erwarten Sie durch Ihren Suizid? Was glauben Sie, wie Ihr Umfeld reagiert?“

Umgang und Empfehlungen bei bestehender Suizidalität (u. a. nach Rupp, 2017)
Ambivalenzen und Zweifel ansprechen, Zweifel bestärken.

- ❖ Betonen, dass es der Fachkraft wichtig ist, dass der/die Klient*in weiterlebt, auf persönliche Beziehungsebene gehen: „Es ist mir nicht egal, ob Sie sterben!“
- ❖ Verborgene Appelle beachten, zeigen, dass man die Not versteht und akzeptiert (ohne Suizidalität gutzuheißen).
- ❖ Betonen, dass der Suizid als letzter Ausweg immer bleibt (Klient*in diesen „letzten Ausweg“ lassen), aber betonen, das man vorher vieles noch nicht versucht hat, es gibt noch viele Wege und Mittel vor dem Suizid.
- ❖ Würdigung von Schuld-, Verlust- oder Kränkungsgefühlen und -erleben, immer validieren, niemals herunterspielen oder negieren.
- ❖ Wut und Ärger zulassen.
- ❖ Würdigung von Beziehungsverantwortung: besonders gegenüber Kindern, Partner*innen, Angehörigen und Freund*innen. Bedeutung des Betroffenen für diese Personen aufzeigen, welche Konsequenzen der Suizid für die Angehörigen hätte.
- ❖ Würdigung des verborgenen Problemlösungsversuchs: Suizidgedanke enthält einen Lösungsansatz (unheilvolle Entwicklung wird unterbrochen, jedoch betonen, dass es noch andere Lösungsansätze gibt).
- ❖ Pragmatische und kurzfristige Lösungen anstreben: Suizid zunächst nur „aufschieben“ und in dieser Zeit andere Lösungen finden, weitere Hilfen einleiten.
- ❖ Feste Absprachen treffen, Konsequenzen besprechen, sich auf die Hand versprechen lassen, sich in einem festgelegten Zeitraum, auf den sich Klient*in einlassen kann, nicht zu suizidieren, oder dies schriftlich in einem Vertrag fixieren.
- ❖ Suizidale Person niemals instabil und ohne klare, verbindliche und glaubhafte Absprache alleine lassen, notfalls vorübergehend im sozialen Umfeld einquartieren.

Modul 5: Soziale Diagnostik

Diagnostizieren (vom griechischen diagnosis = etwas unterscheiden/erkennen) umfasst fachübergreifend das Sammeln, Vergleichen, Überprüfen und Bewerten von themenbezogenen Informationen und Daten, welche anschließend in Form von Arbeitshypothesen – im Fall der Sozialen Arbeit hinsichtlich des Auftrags, Bedarfes und Fallverständnisses – die Richtung des weiteren fachlichen Handelns vorgeben (Weyrich, 2007, S. 201). In der Sozialen Arbeit spricht man von der „sozialen Diagnose“ – ein Begriff der bereits 1917 von Mary Richmond verwendet wurde – bzw. der „psychosozialen Diagnose“ (Harnach-Beck, 1995, S. 19). Hierdurch soll deutlich gemacht werden, dass der Fokus des Erkenntnisgewinnes nicht nur auf der Physis und Psyche einer Person liegt, sondern auch auf ihrem sozialen Umfeld (ebd.). Psychosoziale Diagnostik verfolgt das Ziel, Lebenslagen, Lebensweisen und Lebenskrisen unter ihren jeweiligen Kontextbedingungen zu dokumentieren (besonders die Veränderungen), zu analysieren, zu verstehen und durch aus der „Diagnose“ fachlich abgeleitete Interventionen zu verändern (Pauls, 2013, S. 198). Nach Pantuček und Röh (2009) ist sie ein zentrales und unverzichtbares Element jeglichen psychosozialen Handelns.

Die Begriffe „Diagnostik“ und „Diagnosen“ sind in psychosozialen und sozialpädagogischen Handlungsfeldern nicht unumstritten und werden teils sehr kontrovers und ideologisch diskutiert (z. B. Heiner, 2018, S. 242ff.). So wird unter anderem als Kritik angeführt, dass Diagnostik zu stark naturwissenschaftlich-medizinische Assoziationen hervorrufe (ebd. S. 243), der Komplexität und Individualität sozialer Wirklichkeiten nicht Rechnung trage und die Klient*innen bevormunde (Pauls, 2013, S. 199), Diagnostik als finanzielles und politisches Steuerungselement missbraucht werden könne (Heiner, 2018, S. 232) sowie dass eine einheitliche Ausrichtung aufgrund der Vielfalt fachpolitischer und fachlicher Positionen sowie Anforderungsfelder ohnehin nicht realistisch sei (ebd., S. 252) und vieles mehr (Buttner, 2014).

Gegen die Kritik ist nach Pauls (2013, S. 200) einzuwenden, dass

- sozialarbeiterisches Handeln begründet sein muss,
- das Vorgehen gegenüber Betroffenen, Angehörigen, anderen Fachkräften und Kostenträgern nachvollziehbar gemacht werden muss und
- das Vorgehen und seine Effekte dokumentierbar sein müssen.

Die Darstellung des großen und komplexen Felds der psychosozialen Diagnostik mit all seinen Möglichkeiten, theoretischen und methodischen Ansätzen, fachlichen Debatten und Kontroversen[5] würde den Rahmen dieses Moduls deutlich sprengen. An dieser Stelle sollte ein kurzer Überblick darüber genügen, welche Form psychosoziale Diagnostik grundsätzlich annehmen kann, welche Voraussetzungen dafür erfüllt sein müssen und natürlich welche sozial-diagnostischen Verfahren sich besonders für die aufsuchende Arbeit eignen bzw. besonders von einem Hausbesuch profitieren können. Letztere sollen dann anhand konkreter Arbeitshilfen und

---

5 Bis hin zu der Frage der Terminologie – darf man nun von sozialer Diagnostik sprechen oder doch eher von Fallverstehen? (Heiner, 2018, S. 242ff.)

Materialien so aufbereitet werden, dass sie schnell und unaufwendig in der Praxis eingesetzt werden können.

Nach Reicherts (1999) kann die psychosoziale Diagnostik hinsichtlich ihrer theoretischen Fundierung (intuitiv vs. methodenbasiert), des Zeitpunktes (Eingangs- vs. Verlaufsdiagnostik), ihrer Veränderung (Status- vs. Prozessdiagnostik), der Bezugsgröße (normorientierte vs. kriterienorientierte Diagnostik) und schließlich des Fokus ihres Bewertungsgegenstandes (individuumorientierte vs. systemorientierte Diagnostik) unterschieden werden. Die diagnostischen Informationen können mittels direkter Beobachtung (z. B. im Hausbesuch), Eigen- und Fremdanamnese, bestehender Akten sowie mittels standardisierter Testverfahren und Fragebögen[6] erhoben werden (Pauls, 2013, S. 205). Aufgrund der Komplexität sozialer Lebenswirklichkeiten und Sachverhalte und der besonderen Bedeutung der professionellen Beziehung erfordert sozialpädagogisches Diagnostizieren von den ausführenden Fachkräften (Schrapper, 2019, S. 203):

- Eine Balance aus verstehender Dialogbereitschaft gegenüber der Lebenswelt der Klient*innen und einem distanzierten Abwägen eigenständiger fachlicher Bewertung.
- Respekt gegenüber unterschiedlichen Weltsichten, religiösen und politischen Weltanschauungen, sozialer und kultureller Herkunft, Geschlecht und Lebensentwürfen.
- Spezifisches Fachwissen, insbesondere zur Beurteilung psychosozialer Gefährdungen, sozialer Bezüge, Verhaltensauffälligkeiten, psychischer Erkrankungen und individueller (kindlicher) Entwicklung.
- Die Bereitschaft, in Hypothesen zu denken und eine professionelle Vorsicht und Offenheit einzunehmen, verbunden mit der Bereitschaft, sich irritieren zu lassen.

Die Wissensbestände, die durch diesen Prozess gewonnen werden, sind umfangreich und komplex und müssen für die weitere Verwertung reduziert, komprimiert und strukturiert werden (z. B. Pantuček, 2009). Dabei hilft eine Verortung der gesammelten Informationen hinsichtlich der Dimensionen Person und Umwelt sowie Belastungen und Ressourcen, man spricht hier auch von den Koordinaten psychosozialer Diagnostik (Pauls, 2013, S. 205ff.). Gerade die Analyse sozialer Ressourcen ist eine der arbeitsfeldübergreifenden zentralsten Anliegen der Sozialen Arbeit (Wüsten, 2019). Person/Umwelt und Belastung/Ressource sollten dabei nicht als absolute dichotome Werte gesehen werden, sondern vielmehr als gegenüberliegende Pole eines Koordinatensystems mit vielen fließenden Übergängen und Abstufungen. So kann beispielsweise eine Partnerschaft eine enorme Ressource sein im Fall einer konflikthaften oder toxischen Beziehung, aber auch einen deutlichen Stressor darstellen. Ebenso kann ein innerpsychischer Gemütszustand oder eine Grundüberzeugung einer Person stark durch Umwelteinflüsse, wie beispielsweise die Rückmeldungen anderer Menschen, getriggert und tagesaktuell beeinflusst werden. Es handelt sich demnach auch nicht um statische Größen, sondern im Gegenteil um fluide und dynamische Phänomene, die teilweise einem viel stärkeren Wandel unterliegen, als dies in medizinischen oder naturwissenschaftlichen Gegenstandsbereichen der Fall ist. Eine relevante Störung/Beeinträchtigung ist nach diesem Koordinatensystem v. a.

6 Dies erfolgt i. d. R. seltener durch Sozialpädagog*innen, da viele Testverfahren zunächst nur von bestimmten Berufsgruppen wie Psycholog*innen, Mediziner*innen, Psychotherapeut*innen oder Sonderpädagog*innen durchgeführt werden dürfen.

durch vier Variablen determiniert: eine intrapersonelle Vulnerabilität (V), belastende Life Events und negative Umwelteinflüsse ((b)U), aber auch Bewältigungsmechanismen wie individuelle Resilienz (R) und persönliche soziale Kompetenz auf der persönlichen, wie fördernde und unterstützende Umwelteinflüsse ((f)U) auf der Umgebungsseite. Nach Becker (1992; 1997) lässt sich daraus eine Inzidenzformel für psychosoziale Störungen ableiten:

Abbildung 4: *Inzidenzformel psychosozialer Störungen (eigene Darstellung mit Bezugnahme auf Pauls, 2013, und Becker, 1992; 1997)*

$$I(ps) = \frac{V \quad * \quad (b)U}{R \quad * \quad (f)U}$$

Es geht also bei psychosozialer Diagnostik letztlich immer darum, intrapersonelle und äußere Belastungen, Defizite sowie Ressourcen und protektive Faktoren zu erfassen. Diese sollte sowohl die aktuelle Situation (= Bedingungen des Aufrechterhaltens) als auch die Ontogenese der Klient*innen (= Bedingungen des Entstehens) beinhalten. Um ein diagnostisches Paket zu „schnüren", welches all diese Dimensionen abdeckt, bedarf es einer ganzen Reihe von diagnostischen Instrumenten. Nach Pauls (2013) sollte dies standardmäßig eine Anamnese, Situationsanalysen, Belastungs- und Ressourceneinschätzungen, Netzwerk-/Familienanalysen, Zielerreichungsskalen, standardisierte personenbezogene Fragebögen und Testverfahren sowie die Einbeziehung des Umfeldes beinhalten (Pauls, 2013, S. 252).

Nach Heiner (2014) gehört zur diagnostischen Grundausstattung ein nach Lebensbereichen gegliederter Ressourcencheck (in Kurz- und Langfassung), ein Gesprächsleitfaden zur Motivationsanalyse sowie Leitfäden zum Screening von Selbstwirksamkeit und Lebensbewältigung, zu Erwartungsdiskrepanzen und Verantwortungsdelegation und zur Analyse von Ambivalenzen (Heiner, 2014, S. 141f.) Wälte und Borg-Laufs (2018) nennen ebenfalls die Diagnostik der (psychosozialen) Ausgangssituation, der Ressourcen, des Verhaltens, der Selbstregulation, der psychischen Grundbedürfnisse sowie des familiären Systems/Netzwerks (Wälte & Borg-Laufs, 2018, S. 97ff.). Stimmer und Ansen (2016) schließlich nennen biografische Instrumente, netzwerkorientierte Instrumente, Mehrperspektivensysteme wie das Person-in-Environment-System (PIE), Verhaltens-, Ressourcen- und Krisenanalysen (Stimmer & Ansen, 2016, S. 145ff.). Viele dieser potenziellen diagnostischen Instrumente können als „Hausaufgabe" oder im Rahmen von Gesprächen in Büros und Beratungsstellen genauso – oder sogar besser im Sinne von ruhiger, konzentrierter – bearbeitet werden als bei Hausbesuchen. Dazu zählen vor allem Anamnesen[7], standardisierte Fragebögen[8], biografische Narration oder rekonstruktive Verfahren, Persönlichkeitstestungen und Selbstregulations-/Selbstwirksamkeitsscreenings, Zielerreichungsskalen sowie komplexe Diagnosesysteme wie das PIE-System.

Andere sozialdiagnostische Instrumente profitieren insbesondere von der Durchführung eines Hausbesuchs. Dazu gehören:

---

7 Wie bspw. der Sozialanamnesebogen von Bartmann (2007, S. 35ff.).

8 Z. B. standardisierte Verstärkerlisten, zu finden u. a. im Onlinezusatzmaterial bei Hautzinger (2013).

1. Biografische Life-Event-Diagramme und/oder Genogramme, welche im Hausbesuch häufig mit einem Teil des Familiensystems gemeinsam erstellt werden können.
2. Netzwerkanalysen wie Soziogramme und Beziehungsnetzwerke/Eco-Maps, welche ebenfalls mit dem im Haushalt lebenden System gemeinsam erstellt und teilweise auch durch direkte Beobachtung im Hausbesuch durch Informationen aus erster Hand erhoben werden können.
3. Verhaltensanalysen, welche im Hausbesuch durch direkte Beobachtung in vivo erhoben werden können.
4. Individuelle Ressourcen- und Belastungsanalysen oder Bedarfsermittlungsbögen, welche durch direkte Begehung, Beobachtung und Dokumentation der Lebenswirklichkeit im Hausbesuch sehr realistische und genaue Informationen hervorbringen können, wie es in einem explorativen Gespräch in einer Beratungsstelle in dieser Genauigkeit niemals möglich wäre.

Die zuletzt genannten, für Hausbesuche zugeschnittenen Instrumente sollen im Folgenden nochmals kurz vorgestellt und mit verständlichen Materialien und Beispielen anwendbar und praxistauglich gemacht werden.

Sozialdiagnostische Verfahren zur Netzwerkanalyse

Zur diagnostischen Erfassung des nahen sozialen Umfeldes und persönlichen Netzwerkes eignen sich im Hausbesuch insbesondere Genogramme, Netzwerkkarten und das Soziogramm.

Genogramm

Das Genogramm ist ein teilstandardisiertes Verfahren, bei dem ausgehend von einer Indexperson oder einem Paar graphisch eine Art Stammbaum erstellt wird, mittels dessen das familiäre Umfeld über mehrere Generationen dargestellt und für die weitere Beratung verfügbar gemacht wird (McGoldrick & Gerson, 1985). So sind komplexe familiäre Geflechte strukturiert visualisierbar. Es kann besonders gut im Hausbesuch eingesetzt werden, da es hier häufig mit mehreren Familienmitgliedern gemeinsam vor Ort erstellt wird. So können umfassendere Informationen (Beziehungen, Life Events, biografische Zusammenhänge) gewonnen und gleich mehrere Blickwinkel und subjektive Sichtweisen der einzelnen Personen auf das familiäre System berücksichtigt werden. Es ist möglich, das Genogramm zudem zusätzlich um weitere Informationen wie die Art der Beziehung (z. B. auch Konflikte), bestimmte Persönlichkeitsmerkmale, familiäre Dispositionen für Erkrankungen, Sozialverhalten oder beruflichen Werdegang je nach Bedarf zu ergänzen (Stimmer & Ansen, 2016, S. 161). Jede Person wird mit einem eigenen Symbol (Quadrat = männlich, Kreis = weiblich etc.) dargestellt und jede Generation (Großeltern, Eltern, Partner*innen und Geschwister, Kinder) in einer jeweils eigenen Zeile abgebildet und die Verwandtschaftsbeziehungen durch Striche, Verbindungen sowie Hinweise auf Hochzeiten und Scheidungen, Geburts- und Sterbedaten ergänzt. Ein Beispielbogen findet sich in *Material 17*.

Netzwerkkarte (oder auch Eco-Map)

Die Netzwerkkarte nach Pantuček (2009) ergänzt das Genogramm, indem neben dem familiären System hier zusätzlich das gesamte soziale Netzwerk (also auch Freund*innen, Bekannte, Arbeitskolleg*innen, Nachbarschaft und institutionalisierte und professionelle Hilfen) einer Indexperson erfasst wird. Wie beim Genogramm werden die Personen aus dem nahen Umfeld als eigene Symbole (Quadrate und Kreise) dargestellt (z. B. Pauls, 2013, S. 223). Die Indexperson steht im Zentrum der Darstellungen und das primäre soziale Umfeld sowie ggf. auch das weitere externe Bezugssystem werden darum herum gruppiert (ebd.). Es gibt unterschiedlichste Darstellungsformen von Netzwerkkarten, der/die Klient*in sollte jedoch immer im Zentrum stehen und die weiteren Beteiligten je nach Nähe und Intensität der Beziehung näher oder weiter entfernt um die Indexperson gruppiert werden. Dabei kann die Netzwerkkarte noch nach Lebensbereichen (z. B. Arbeit, Familie, professionelle Hilfen etc.) unterteilt werden, und durch das zusätzliche Hinzufügen von Linien, Feldern oder Kreisen kann die „Ebene" der Nähe veranschaulicht werden. Dabei gilt immer, je näher eine Person der Indexperson steht bzw. je wichtiger diese für die Indexperson ist, desto näher wird sie am Zentrum gruppiert. Hier wurde eine Darstellung mit drei Kreisen für primäre, sekundäre und tertiäre Kontakte (je nach Intensität und Relevanz) sowie einem Koordinatensystem, das die wichtigsten Hauptbereiche (Arbeit, Familie, Freunde und „sonstige" Freizeit) unterscheidet, gewählt (siehe Beispiel). Auch wäre es möglich, – neben solchen egozentrierten – dezentrale Netzwerke auf mehreren Ebenen darzustellen oder mehrere Netzwerke nebeneinander zu stellen und die Netzwerke an sich zusätzlich miteinander in Beziehung zu setzen (Stimmer & Ansen, 2016, S. 166ff.). Wie im Genogramm ist es auch hier möglich, die Netzwerke durch zusätzliche relevante Hinweise zu ergänzen. Die Anwendung im Hausbesuch eignet sich wie auch beim Genogramm deshalb besonders gut, da im Idealfall gleich mehrere relevante Personen vor Ort in die Erstellung einbezogen werden können, um ein möglichst ganzheitliches Bild zu schaffen. Dieser Prozess der Erstellung kann sogleich genutzt werden, um Prozesse zwischen den beteiligten Akteuren aufzudecken und zu analysieren. Durch die aktive Einbeziehung der Beteiligten wird durch die Erstellung der Netzwerkkarte – ähnlich einer systemischen Aufstellung mittels eines Familienbrettes – gleich auch ein Veränderungs- und Reflexionsprozess angestoßen. Ein Beispielbogen findet sich in *Material 18*.

Soziogramm

Das Soziogramm stammt ursprünglich aus dem Bereich soziometrischer Forschung und wurde als Netzwerkanalyseinstrument im psychosozialen und sozialpädagogischen Bereich eingeführt (Moreno, 1954). Im Soziogramm lassen sich die Nähe und Distanz einzelner Mitglieder in sozialen Gruppen darstellen, der eigentliche Schwerpunkt liegt aber im Aufzeigen von Kommunikationswegen und positiven wie negativen Interaktionsmustern von Personen in sozialen Gruppen oder Netzwerken (Henecka, 2006, S. 240ff.). Alle Mitglieder eines Systems (z. B. einer Familie, eines Freundeskreises, eines Arbeitsteams oder einer Schulklasse) erhalten ein eigenes Symbol, so wird das ganze Netzwerk abgebildet. Anschließend werden durch Pfeile Beziehungen und Interaktionsmuster zwischen den einzelnen Personen visualisiert. Dabei geben die Pfeilspitzen die Richtung der Interaktion/Kontaktaufnahme und die Formen des Pfeiles (durchgezogene Pfeile für positive Kontakte, gestrichelte Pfeile für negative Kontakte und Konflikte) die „Art“ des Kontaktes an. Zusätzlich kann über die Dicke der Pfeile noch die Intensität der Beziehungen (Freundschaften oder Konflikte) dargestellt werden. So ist es möglich, eine komplexe soziale Gruppe in ihren Interaktionsmustern zu erfassen und zu veranschaulichen und auch bestimmte Rollen (z. B. „Anführer“ mit vielen Kontakten, „Außenseiter“ ohne Kontakte, „Mitläufer“ mit einseitigen Kontakten oder „Störer“ mit vielen konflikthaften Kontakten) in dem sozialen Gefüge zu identifizieren. In Hausbesuchen, in denen bspw. alle Mitglieder einer Haushaltsgemeinschaft vor Ort anwesend sind, ist es möglich, das Soziogramm nicht nur aus Interviewdaten von Befragungen, sondern auch durch direkte Verhaltensbeobachtung während des Hausbesuchs zu komplettieren. Ein Beispielbogen findet sich in *Material 19*.

Sozialdiagnostische Verfahren zur Biografie und Verhaltensanalyse

Diese Verfahren dienen insbesondere dazu, aktuelle Situationen und vergangene Life Events zu identifizieren, zu strukturieren und ihre Bedingungen des Entstehens und des Beibehaltens zu eruieren (Bartmann, 2007, S. 24ff.). Beispielhaft sollen hier das „Life-Event-Diagramm“ und die Verhaltensanalyse nach dem SORKC-Modell vorgestellt werden.

Life-Event-Diagramm (LED)

Life-Event-Diagramme können das Ergebnis einer Sozialanamnese sein oder diese ergänzen. Sie stellen eine Visualisierung der Lebenslinie der Klient*innen dar und können zur biografischen Selbstreflexion, zur Erinnerung und zur Identifikation einschneidender und möglicherweise problemrelevanter Ereignisse genutzt werden (Stimmer & Ansen, 2016, S. 154). Gemeinsam mit den Klient*innen werden besondere (positive und negative) Situationen und Veränderungen in der eigenen Lebensgeschichte identifiziert, welche Einfluss auf etablierte und relevante Denk- und Handlungsmuster sowie Einstellungen hatten und sich auf die aktuelle Bewältigung von Herausforderungen und Belastungen auswirken können (ebd.). Es wird eine Lebenslinie mit allen Lebensjahren erstellt und die relevanten Life Events werden als positive, neutrale (aber wichtige) oder negative Sozialisations- und Lebenserfahrungen in dem entsprechenden Lebensjahr eingetragen. Dabei sollten – soweit bekannt – auch pränatale Ereignisse, zukünftige, noch nicht eingetretene, aber bereits geplante oder erwartete Ereignisse berücksichtigt werden. Ein Beispielbogen findet sich in *Material 20*.

Verhaltensanalyse

Die Klientel der sozialen und pädagogischen Berufe zeigt häufig ein Handeln, das sich zwischen den Extremen eines Verhaltensdefizites bzw. Verhaltensexzesses bewegt. Ein Verhaltensdefizit bezeichnet ein eingeschränktes Repertoire an wünschenswerten Fähigkeiten, z. B. sozialen Kompetenzen, was bei Betroffenen zu Unsicherheit, Redeangst, Vermeidungsverhalten, Rückzug und Einsamkeit führen kann. Ein Verhaltensexzess hingegen bezeichnet ein problematisches Verhalten, z. B. in Form von gewalttätigem Verhalten, rücksichtslosem Durchsetzungsverhalten oder impulsiv-riskanten Handlungen mit Selbst- und Fremdgefährdung. Sowohl bei Verhaltensdefiziten als auch bei Verhaltensexzessen handelt es sich um dysfunktionales Handeln, das zu erheblichen negativen Konsequenzen und Leidensdruck für die Klientel und deren sozialem Umfeld führen kann (Bartmann, 2013, S. 30). Insbesondere bei der Bearbeitung von Fällen mit Verhaltensdefiziten oder Verhaltensexzessen stellen sich eine Reihe von diagnostischen Fragen: Welche problematischen Verhaltensmuster verlangen eine Veränderung hinsichtlich ihrer Intensität, ihrer Dauer oder der Bedingungen, unter denen sie auftreten? Welches sind die Bedingungen, unter denen dieses Problemverhalten erworben wurde und welche Faktoren halten es momentan aufrecht? Welches sind die praktikabelsten Mittel, um die erwünschten Veränderungen des Problemverhaltens zu erzielen? (Kanfer et al., 2012, S. 90). Kennzeichnend für die verhaltensorientierte Diagnostik ist die Gegenwartsorientierung, d. h. die Analyse der aktuellen Problemlagen eines/r Klient*in sowie der Aufbau von künftigen Handlungsstrategien (Como-Zipfel et al., 2022, S. 24ff.)

Das zentrale verhaltensdiagnostische Werkzeug ist das *SORKC-Modell* von Kanfer und Saslow (1965). Dieses Modell wird auch *funktionale Verhaltensanalyse* genannt und dient zur Erklärung von (problematischen) Handlungen einer Person in bestimmten Situationen. Zu Beginn steht das *„S“* (= Stimulus), das die dem Verhalten vorausgehenden internen und/oder externen Bedingungen beschreibt; das *„O“* (= Organismus) umfasst die überdauernden Eigenschaften der betreffenden Person hinsichtlich ihres Geschlechts, Alters, körperlich-psychischen Gesundheitszustands, feste Gewohnheiten und Überzeugungen; das *„R“* steht für Verhalten der Person in Bezug auf den Stimulus und umfasst die motorischen (Körpersprache, Mimik, Bewegungen, Sprechen), die kognitiven (Gedanken, Bewertungen, Interpretationen), emotionalen (Gefühle) und physiologisch-körperlichen (z. B. erhöhter Pulsschlag, Schwitzen, Erröten, Zittern, Schmerzen) Reaktionen; das *„K“* (= Kontingenz) beschreibt *wie* nach dem Verhalten die Konsequenzen folgen: regelmäßig oder unregelmäßig, zeitlich unmittelbar oder verzögert, qualitativ adäquat oder inadäquat; am Ende steht das *„C“* (= Konsequenzen) und stellt die dem Verhalten nachfolgenden Konsequenzen dar: Diese können eine positive oder negative Verstärkung/Belohnung (C+ oder Ȼ-) bzw. eine direkte oder indirekte Bestrafung (C- oder Ȼ+) sein (Bartmann, 2013, S. 47; Borg-Laufs, 2020, S. 3ff.; Como-Zipfel et al., 2022, S. 25f.). Sind die Konsequenzen positiv, z. B. durch einen neuen, aus dem Verhalten gewonnenen Anreiz (C+) oder den Wegfall einer bisher bestehenden negativen Konsequenz (Ȼ-), erhöht sich in der Zukunft die Auftretenswahrscheinlichkeit dieses Verhaltens[9] (Schermer et al., 2016, S. 35ff.). Folgt auf das Verhalten hingegen eine neue negative Konsequenz (C-) oder fällt hierdurch ein bisher bestehender positiver Anreiz weg (Ȼ+), wird in Zukunft die Auftretenswahrscheinlichkeit des Verhaltens sinken[10] (ebd.). Von entscheidender Bedeutung bei der Diagnose nach dem SORKC-Modell ist der Wirkmechanismus der Theorie des operanten Lernens von B. F. Skinner (1964). Demnach wird ein Verhalten, das belohnt wird, in Zukunft wahrscheinlich häufiger gezeigt (Verhaltensaufbau) und Verhalten, das bestraft wird, wahrscheinlich seltener gezeigt (Verhaltensabbau). Wie alle Menschen haben also auch die Klient*innen während ihres Lebenswegs aus den unterschiedlichsten Gründen die verschiedensten Verhaltensweisen erlernt. Wenn Klient*innen aufgrund ihrer dysfunktionalen Verhaltensweisen (s. o.) leiden, dann

9 Prinzipien der positiven und negativen Verstärkung siehe hierzu z. B. Schermer (2006, S. 55ff.).
10 Prinzipien der direkten und indirekten Bestrafung siehe hierzu z. B. Schermer (2006, S. 55ff.).

ist es aus verhaltensorientierter Sichtweise prinzipiell möglich, dass im Rahmen eines Hilfeprozesses, bei den meisten Klient*innen problematische Handlungen reduziert und parallel dazu erwünschtes Zielverhalten aufgebaut werden können (Como-Zipfel, 2013, S. 29). Ein Beispielbogen findet sich in *Material 21*.

Abbildung 5: *SORKC-Modell*

S	O	R	K	C
Stimulus	**Organismusvariablen**	**Verhalten**	**Kontingenz**	**Konsequenz/en**
Se = Externer Stimulus (Umwelt) *Si = Interner Stimulus (Selbst)*	*Alter, Geschlecht, Erkrankungen, Behinderungen* *Erlernte Verhaltenstendenzen, feste Gewohnheiten, Überzeugungen*	*Remot = Emotionale Reaktion* *Rkog = Kognitive Reaktion* *Rmot = Motorische Reaktion* *Rphys = Physiologische Reaktion*	*Regelmäßig, unregelmäßig* *zeitlich unmittelbar,* *zeitlich verzögert,* *qualitativ adäquat oder inadäquat*	*C+ positive Verstärkung (direkte Belohnung durch Zufügung eines positiven Verstärkers)* *Ȼ - negative Verstärkung (indirekte Belohnung durch Wegfall eines aversiven Reizes)* *Ȼ + Bestrafung durch Entzug eines Verstärkers (indirekte Bestrafung)* *C- Bestrafung durch Zufügung eines aversiven Reizes (direkte Bestrafung)*

Sozialdiagnostische Verfahren zur Ressourcen- und Belastungsanalyse

Die hier vorgestellten Verfahren dienen der Erfassung aktueller individueller Ressourcen, Stärken sowie auch Belastungen, Problemlagen und Defizite. Beispielhaft soll hier die Koordinatenmatrix zur Erfassung von Stärken und Belastungen sowie ein ICF-orientierter Erfassungsbogen für bestehende Teilhabeeinschränkungen vorgestellt werden.

Koordinatensystem psychosozialer Stärken und Belastungen

Das Koordinatensystem psychosozialer Stärken und Belastungen geht zurück auf Hepworth, Rooney und Larsen (1997) und Pauls (2013). Es besteht aus unabhängigen Achsen, welche eine übersichtliche Vier-Felder-Matrix bilden (Pauls, 2013, S. 209). Die erste horizontale Achse umfasst die beiden Pole Personen- vs. Umgebungsorientierung, also die Frage, inwieweit Ressourcen oder Belastungsfaktoren intrapersonal oder umweltbedingt sind. Die zweite, vertikale Achse bildet ab, ob es sich um Stärken/Ressourcen oder um Belastungen/Defizite handelt (ebd.). So entstehen vier Quadranten:

1. Ökosoziale Defizite und äußere Belastungen,
2. Individuelle personenbedingte Belastungen (angeboren oder erworben),
3. Fördernde und hilfreiche Umweltbedingungen und
4. Individuelle personenbedingte Stärken und Ressourcen (ebd.).

Diese vier Quadranten können im Hausbesuch gut mit den Klient*innen in ihrer realen Lebenswelt gemeinsam erarbeitet und ausgefüllt werden. Ein Beispielbogen findet sich in *Material 22*.

ICF-orientierter Bogen zur Erfassung von Teilhabeeinschränkungen

Dieses sozialdiagnostische Instrument orientiert sich an den neun Teilhabebereichen der International Classification of Functioning (ICF) der WHO zur Erfassung von Teilhabeeinschränkungen bei bestehenden körperlichen, geistigen oder seelischen Behinderungen und Beeinträchtigungen. Die ICF ist ein offizielles internationales Klassifikationssystem, an dem sich auch das neue Bundesteilhabegesetz (BTHG) für Menschen mit Behinderungen orientiert (Witzmann, Kraus, Gerlach & Weizel, 2015). Aufgrund der komplexen Struktur und der Vielzahl der zur Verfügung stehenden Items wird in diesem Bogen weitgehend auf die Verwendung der offiziellen Kodierung verzichtet und der Bogen nur an die ICF angelehnt. Der erste Teil zur Feststellung von Beeinträchtigungen von Körperstrukturen und Körperfunktionen wird in der Regel ärztlich festgestellt und kann im Vorfeld eines Hausbesuchs, soweit bekannt, aus ärztlichen Unterlagen übernommen werden. Der zweite Teil wird von der Fachkraft im Hausbesuch gemeinsam mit dem/r Klient*in unter Inaugenscheinnahme der realen Lebensbedingungen erhoben und umfasst die Teilhabebereiche:

- Lernen und Wissensvermittlung
- Allgemeine Strukturen und Anforderungen
- Kommunikation
- Mobilität
- Selbstversorgung
- Häusliches Leben
- Interpersonelle Interaktionen und Beziehungen
- Bedeutende Lebensbereiche
- Gemeinschaft, soziales- und staatsbürgerliches Leben.

Für jeden Bereich werden mit den Klient*innen direkt im Hausbesuch Bedarfe, Einschränkungen und Ziele dokumentiert und festgestellt, für welche Bedarfe und Defizite bereits persönliche oder umweltbedingte (Hilfsmittel, Hilfen aus dem Umfeld, fachliche professionelle Angebote) Ressourcen oder Bewältigungsmechanismen bestehen. Ein Beispielbogen findet sich in *Material 23*.

Die hier vorgestellten Verfahren bilden lediglich eine selektive Auswahl und sollen den Anwender*innen ein Grundrüstzeug für qualitativ hochwertige soziale Diagnostik im häuslichen Umfeld bieten. Alle vorgestellten und enthaltenen Materialien wurden mit einem (fiktiven) anschaulichen Anwendungsbeispiel zur Demonstration der praktischen Verwendung versehen.

Material 17a: *Genogramm Vorlage*

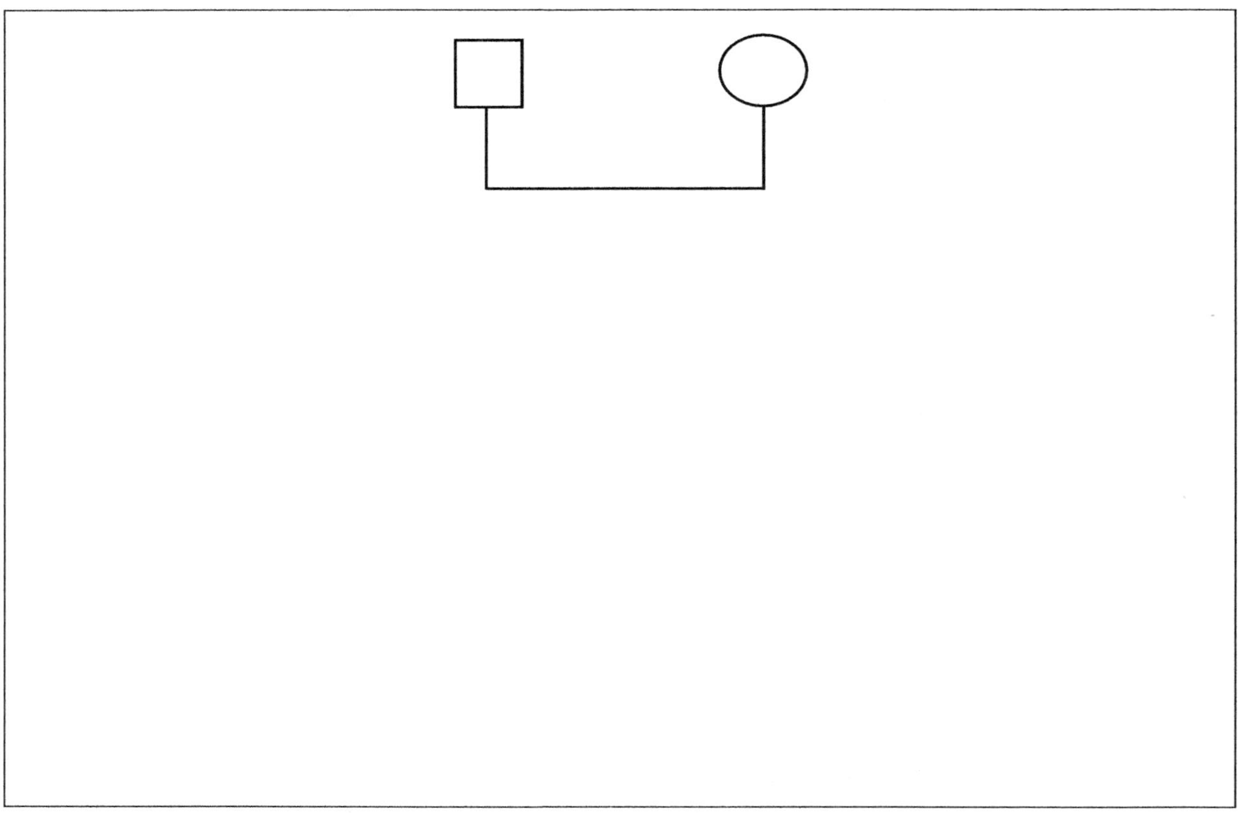

Legende (Vorschlag):

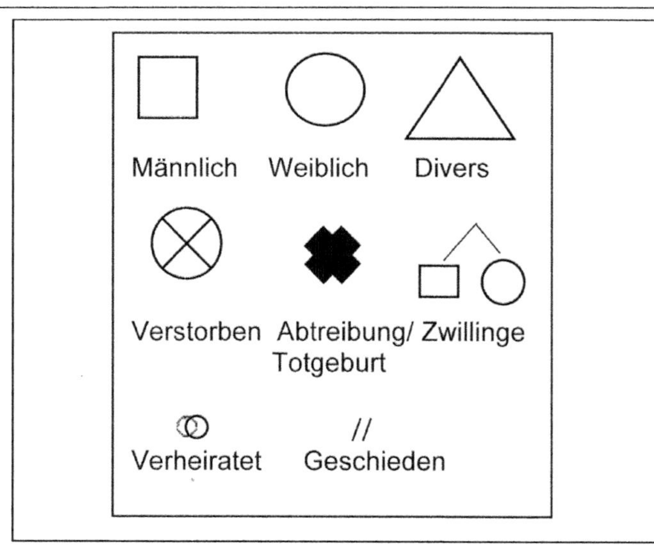

Material 17b: *Genogramm Beispiel*

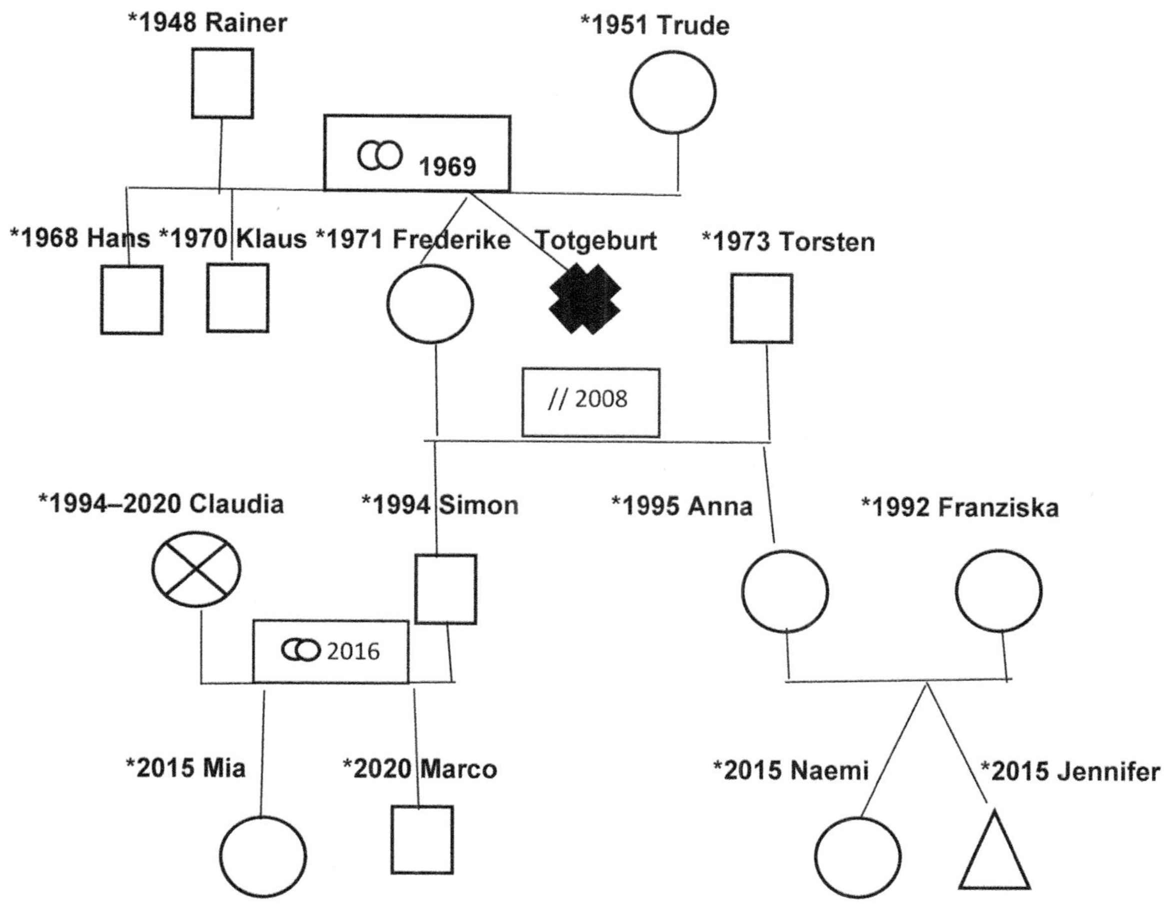

Legende (Vorschlag):

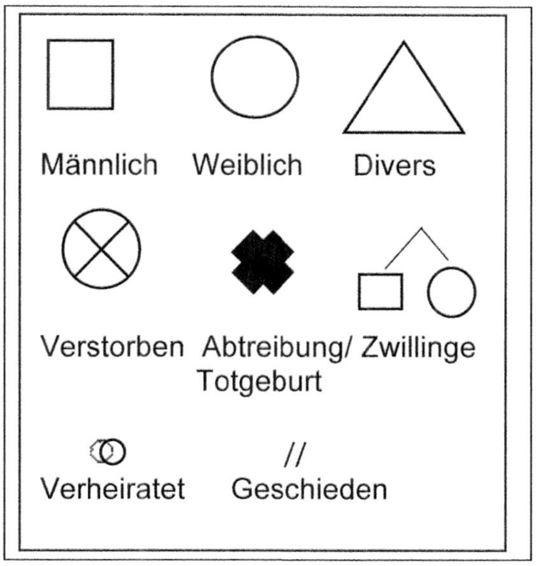

Material 18a: *Netzwerkkarte Vorlage (eigene modifizierte Darstellung orientiert an Pantuček, 2009)*

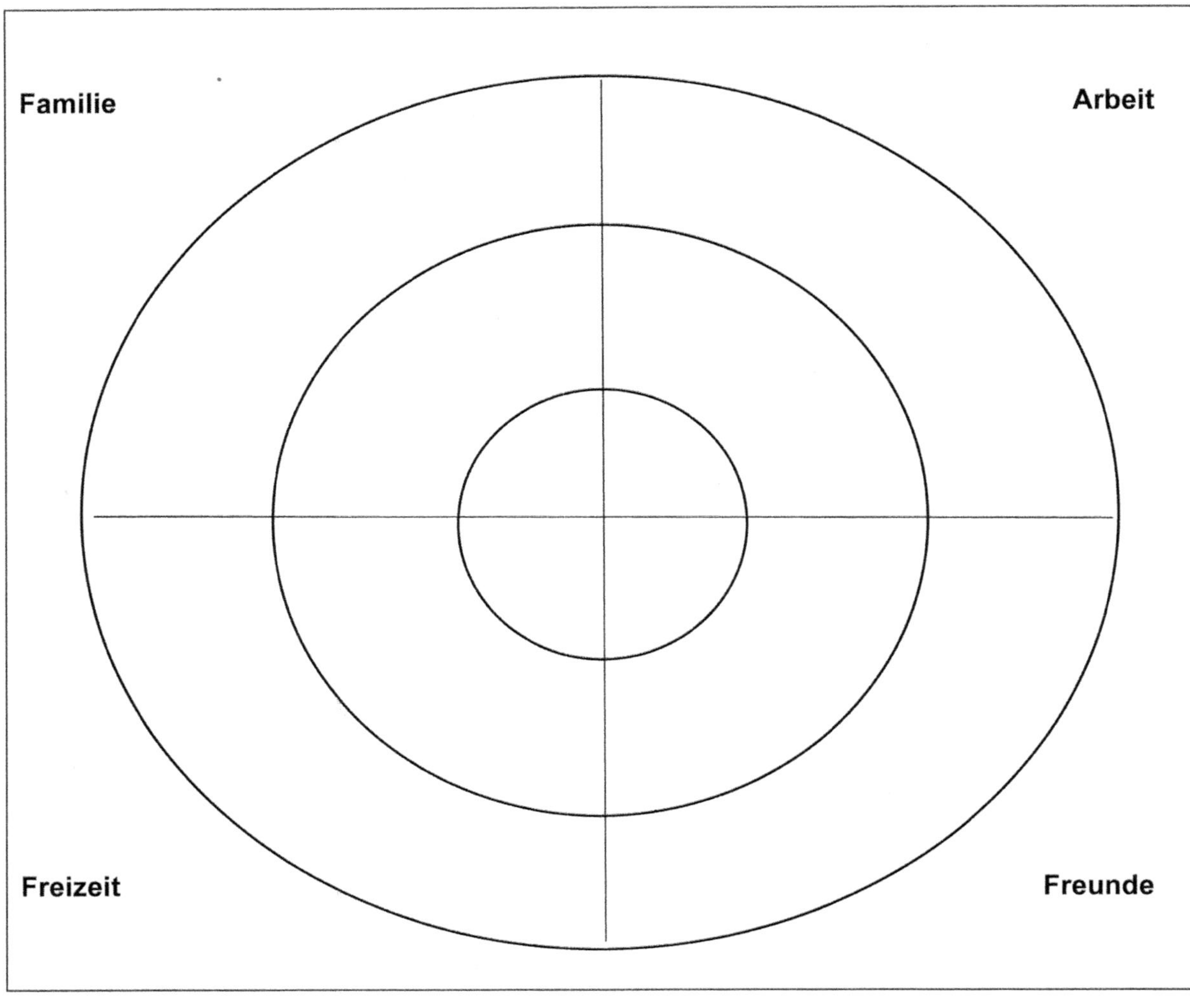

Legende (Vorschlag):

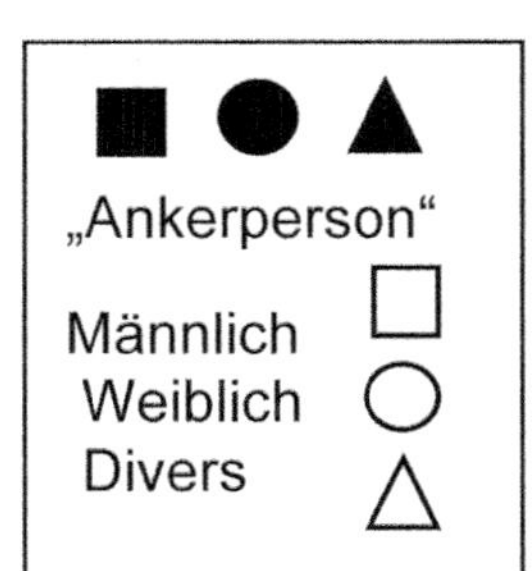

Material 18b: *Netzwerkkarte (Beispiel)*

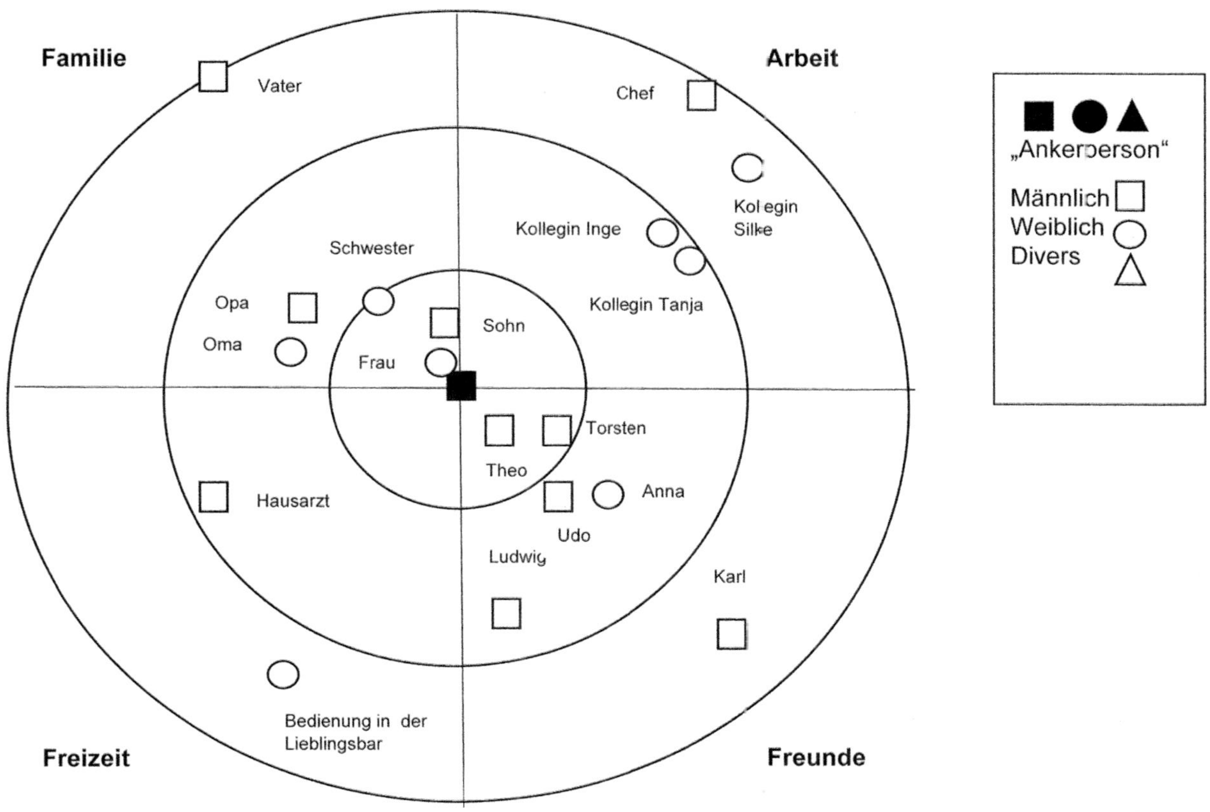

Material 19a: *Soziogramm Vorlage (eigene modifizierte Darstellung orientiert an Moreno, 1954)*

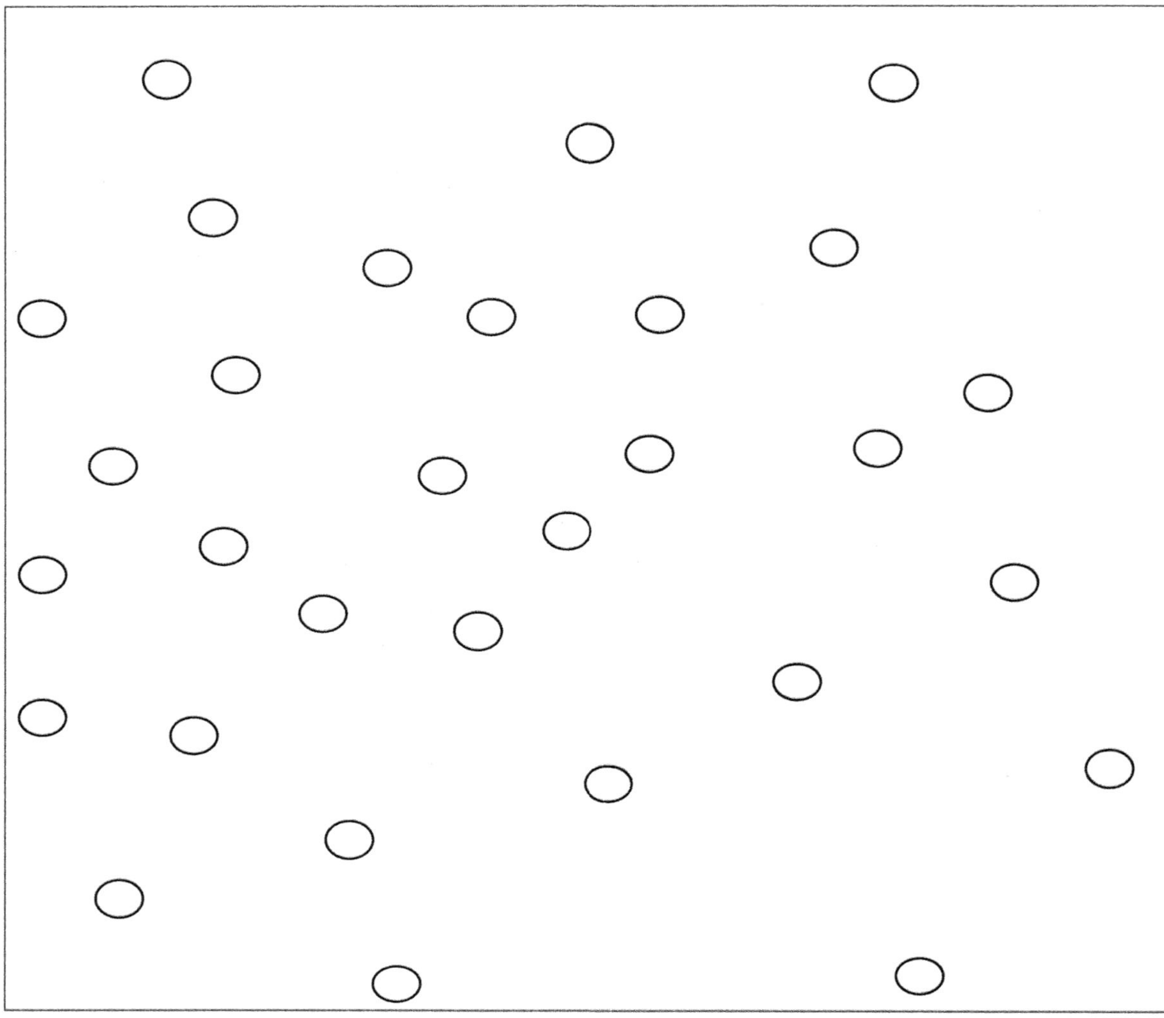

Legende (Vorschlag):

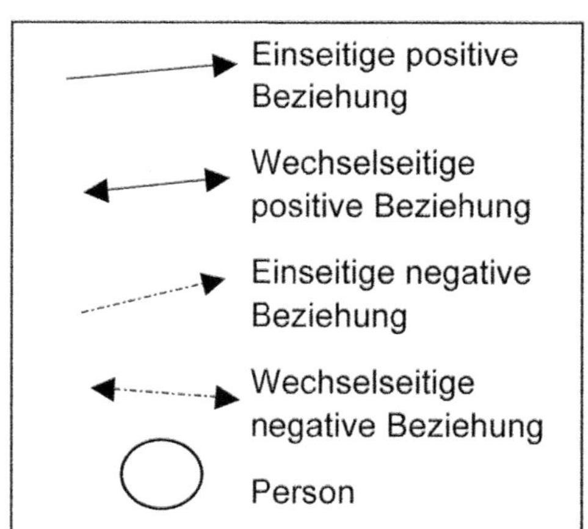

Material 19b: *Soziogramm Beispiel (Soziale Beziehungen auf Kindergeburtstag)*

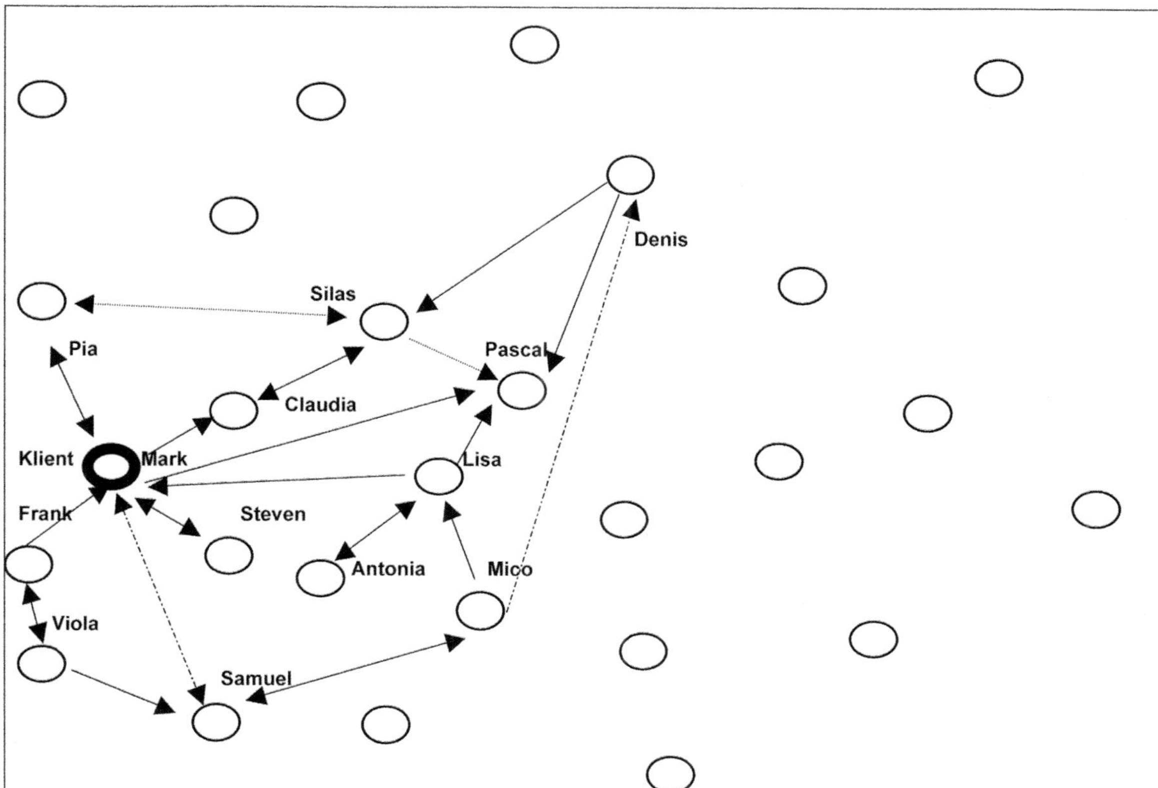

Hinweis: Die nicht benutzten Kreise werden in dem Beispiel nicht benötigt und sollen durch die Vorstrukturierung die Protokollierung im Hausbesuch erleichtern. Wenn mehr benötigt werden, sollen diese einfach händisch ergänzt werden. Zusätzlich könnte durch die Dicke der Verbindungen die Stärke der Beziehung visualisiert werden.

Legende (Vorschlag):

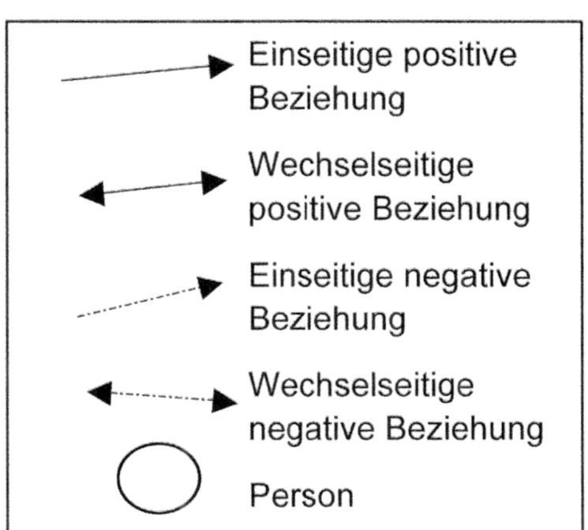

Material 20a: *Life-Event-Diagramm Vorlage (eigene modifizierte Darstellung orientiert an Stimmer et al., 2016)*

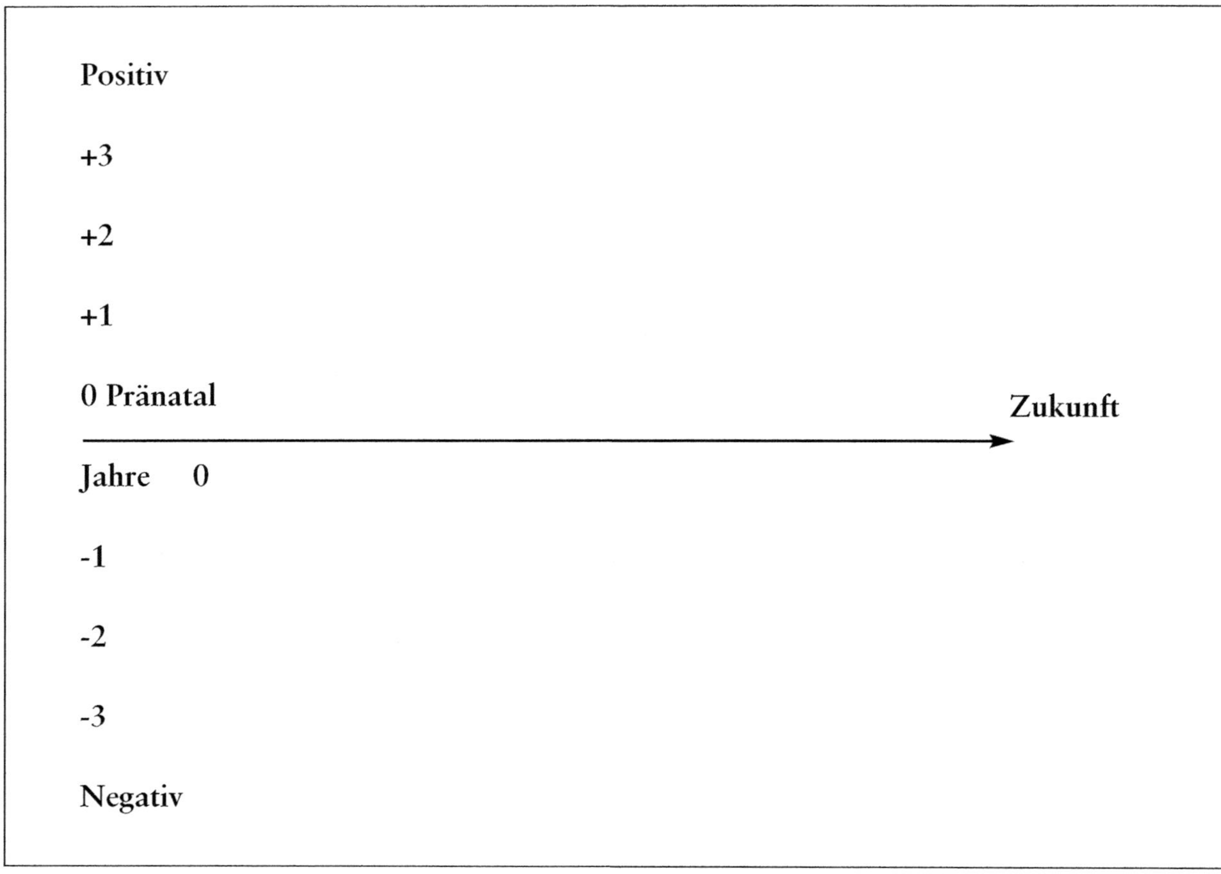

Material 20b: *Beispiel Life Events Melanie M., 31 Jahre*

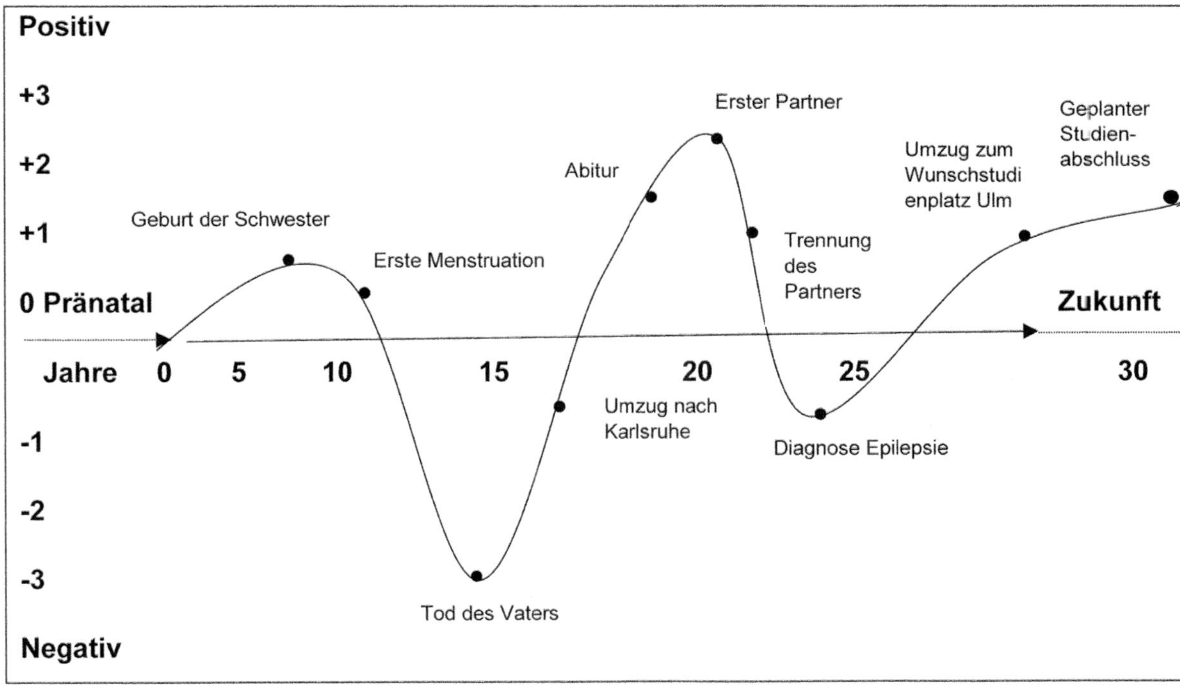

Material 21a: *SORKC-Modell Vorlage*

S (Situation)	O (Organismus-variable)	R (Verhalten)	K (Kontingenz)	C (Konsequenz)
		Kognitiv: Emotional: Physiologisch: Motorisch:		C+ ₵- C- ₵+

Material 21b: *SORKC-Modell Beispiel*

S (Situation)	O (Organismusvariable)	R (Verhalten)	K (Kontingenz)	C (Konsequenz)
Simone (Klientin) lebt in Mehrfamilienhaus. Regelmäßig Streitigkeiten mit den Nachbarn in der Wohnung darüber. An einem Donnerstagabend um 23 Uhr spielt der Nachbar in der Wohnung darüber so laute Musik, dass Simone nicht schlafen kann und sich durch die Lautstärke sehr gestört fühlt. Sie muss am nächsten Morgen für die Arbeit früh aufstehen.	Weiblich, 36 Jahre, alleinstehend. Vor zwei Jahren akute mittelgradige depressive Episode. Mutter ebenfalls an Depression erkrankt (Disposition). Nach wie vor sehr leichter, unregelmäßiger Schlaf; nimmt dafür regelmäßig Baldriantropfen ein. Grundüberzeugung: Andere Menschen sind „schlecht“ und wollen ihr mit Absicht das Leben schwer machen.	**Kognitiv:** „Der Nachbar macht das mit Absicht, der will mich fertig machen.“ „Ich muss schlafen.“ „Wenn ich mich jetzt beschwere, wird der Nachbar mich anschreien und mich erst recht fertig machen.“ **Emotional:** Ärger/Wut auf Nachbarn, Angst vor Reaktion des Nachbarn, wenn sie sich beschwert. **Physiologisch:** Anspannung, Müdigkeit, Kopfschmerzen, Augenbrennen, häufiges Gähnen, erhöhter Puls. **Motorisch:** Setzt sich Kopfhörer auf und nimmt extra viele Baldriantropfen, Konfrontation mit Nachbar wird vermieden.	Unmittelbar Regelmäßig Unmittelbar Regelmäßig Langfristig Regelmäßig	C+ Kann einschlafen, hört Musik C̸- Anspannung lässt nach, hört den Lärm nicht mehr (Kopfhörer), erleichtert, die Konfrontation vermieden zu haben. C- Enttäuschung nicht für ihre Rechte eingetreten zu sein (am nächsten Morgen = langfristig), Frustration, wieder auf Baldrian angewiesen zu sein.

Material 22a: *Ressourcen und Belastungsmatrix Vorlage (eigene modifizierte Darstellung orientiert an Hepworth et al., 1997, und Pauls, 2013)*

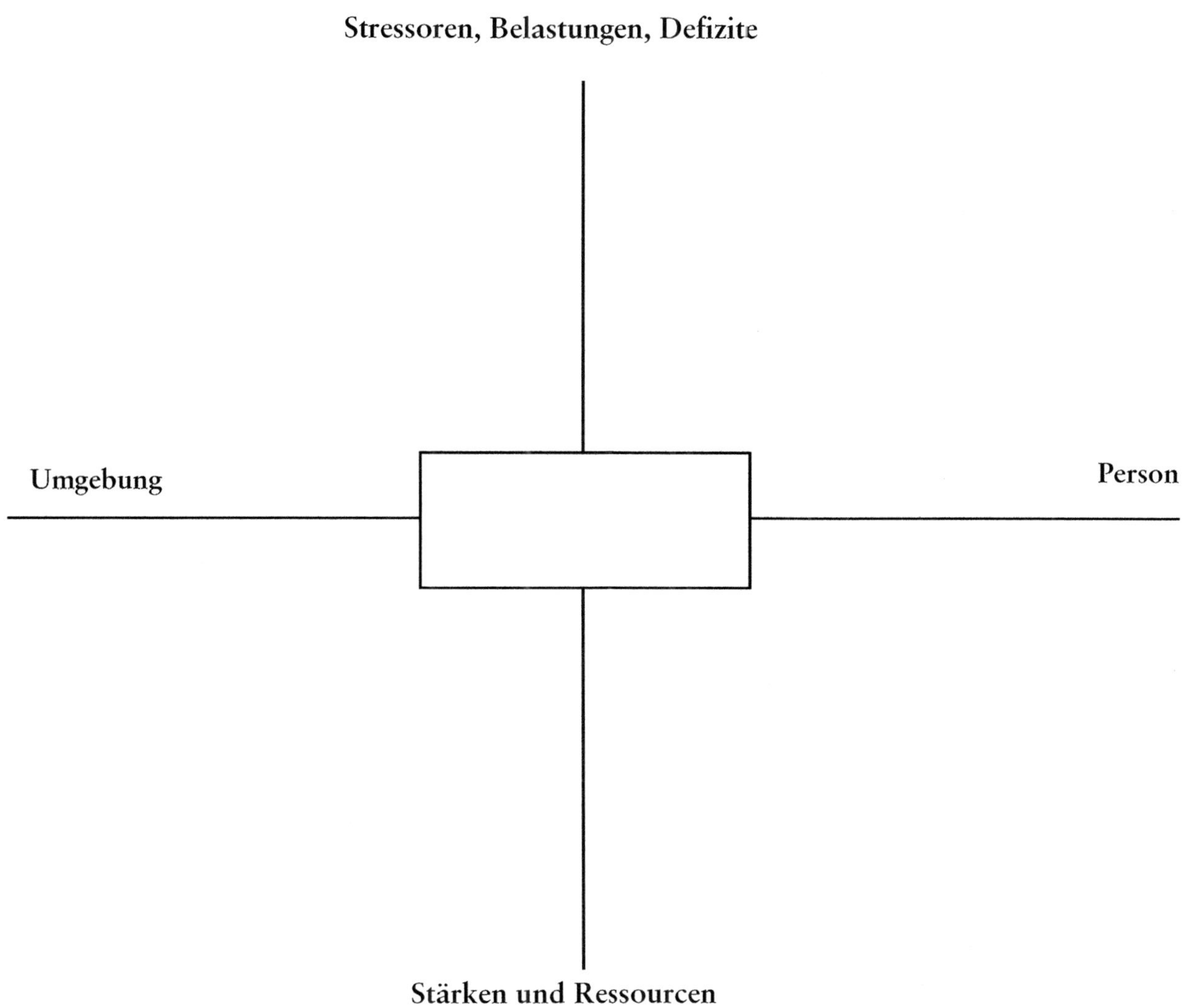

Material 22b: *Ressourcen und Belastungen (Beispiel)*

Stressoren, Belastungen, Defizite

- wohnhaft in sozialem Brennpunkt
- Wohnung nicht barrierefrei, viele Treppen
- Mutter alleinerziehend, mit der Erziehung teils überfordert, häufige Konflikte mit der Mutter
- Mobbingerfahrungen in der Schule, bereits zwei Schulwechsel
- Vater (lebte bis zum 5. Lebensjahr mit in der Wohnung) gewalttätig, gegenwärtig inhaftiert
- Familie verschuldet (9000 €)

- motorische Einschränkungen durch Hemiparese
- teilweise Schmerzen, zeitweise Einnahme von Schmerzmitteln
- seit dem 14. Lebensjahr gedrückter Affekt, mit 15 depressive Episode, seitdem dysthymische Grundstimmung
- geringe Selbstwert- und Selbstwirksamkeitsüberzeugungen
- gelegentlicher Cannabiskonsum
- kompensiert körperbezogene Komplexe durch Promiskuität und hochrisikohaftes Sexualverhalten (in den vergangenen 12 Monaten Kontakte zu 14 zuvor meist unbekannten Sexualpartnern aus dem Internet)

Umgebung **Person**

- hat Vertrauenslehrerin, die sich regelmäßig um sie kümmert und sich sehr engagiert
- Antrag auf Hilfen für barrierefreien Wohnungsumbau gestellt
- Familie bekommt eine SPFH und Michelle eine Psychotherapie, die sie regelmäßig annimmt
- Familie aus der Nachbarwohnung unterstützt Michelle und ihre Familie im Alltag
- guter Kontakt zu Großeltern sowie drei gute Freundinnen (keine toxischen Freundschaften), sehr stabilisierend

- intelligent und in den schulischen Leistungen erfolgreich
- sehr empathisch, kümmert sich viel um kleinen Bruder und Mutter, ohne in eine parentifizierende Rolle zu verfallen
- krankheitseinsichtig und compliant, ist zu Therapie bereit und hat bereits viel Psychoedukation erhalten, kann problematische Sexualkontakte reflektieren, wenn auch derzeit noch nicht unterlassen
- Michelle hat den Wunsch zu studieren und Medizinerin zu werden
- kann Hilfe bei Bedarf einfordern

Stärken und Ressourcen

Material 23a: *Teilhabebereiche nach ICF (Vorlage)*

Körperliche Einschränkungen/Behinderung	
Beeinträchtigung der Körperstrukturen	Beeinträchtigungen der Körperfunktionen

Teilhabebereiche Aktivitäten und Partizipation	Bedarfe/Ziele	Ressourcen/Hilfsmittel	
		Personen-bezogen	Umwelt
Lernen und Wissensvermittlung			
Allgemeine Strukturen und Anforderungen			
Kommunikation			
Mobilität			
Selbstversorgung			
Häusliches Leben			
Interpersonelle Interaktionen und Beziehungen			
Bedeutende Lebensbereiche			
Gemeinschaft, soziales und staatsbürgerliches Leben			

Material 23b: *Teilhabebereiche nach ICF (Beispiel)*

Beispiel Teilhabeplanung Herr Weichmann, 41 Jahre, Querschnittslähmung und organisch bedingte Psychose nach Motorradunfall

Körperliche Einschränkungen/Behinderung	
Beeinträchtigung der Körperstrukturen	**Beeinträchtigungen der Körperfunktionen**
Beeinträchtigung des Gehirns, des Rückenmarks und des sympathischen Nervensystems, der unteren Extremitäten, der ableitenden Harnwege und des Beckenbodens	Funktion des Denkens, der Wahrnehmung, der Aufmerksamkeit, höherer kognitiver Funktionen, der Orientierung und des Temperamentes/der Persönlichkeit Funktion der Miktion: Harnlassen und Missempfindung bei der Blasenlähmung, Funktion der sexuellen Erregung: Erektion Funktion der Kontrolle einfacher und komplexer Willkürbewegungen und Stützbewegungen der Beine und Empfindung von Muskelspasmus, Funktion und Bewegungsmuster beim Gehen

Teilhabebereiche Aktivitäten und Partizipation	Bedarfe/Ziele	Ressourcen/Hilfsmittel	
		Personenbezogen	Umwelt
Lernen und Wissensvermittlung	–	–	–
Allgemeine Strukturen und Anforderungen	Immer wieder Phasen mit psychotischer Positivsymptomatik, medikamentös derzeit eingestellt, aber verbleibendes Residuum an Negativsymptomatik, benötigt Psychotherapie und reflektierende vertrauensvolle Gespräche zur Alltagsunterstützung	Krisenplan, compliant, verfügt über Krankheitswissen	Psychotherapeut, betreutes Wohnen, Neuroleptika
Kommunikation	–	–	–
Mobilität	Kann nicht gehen, Probleme sich selbstständig fortzubewegen und an andere Orte zu kommen	–	Rollstuhl, barrierefreie Wohnung, Fahrdienst

Selbstversorgung	Kann für sich kochen, benötigt Hilfe beim Einkaufen; Küche so einräumen, dass alles erreicht werden kann, Pflegedienst zum Duschen benötigt, kleine Körperpflege, Toilettengang und Anziehen funktionieren selbstständig	Gute eigene Fähigkeiten	Einkaufshilfe, Inkontinenzeinlagen, Pflegedienst hilft beim Duschen
Häusliches Leben	Haushaltshilfe zur Wohnungsreinigung, Schwester hilft bei der Haushaltsführung	–	Schwester unterstützt und professionelle Haushaltshilfe
Interpersonelle Interaktionen und Beziehungen	Wünscht sich wieder Partnerin, einsam, kaum soziale Kontakte, ein guter Freund, der regelmäßig zu Besuch kommt, sowie die Schwester, später ggf. Selbsthilfegruppe	Soziales Kompetenztraining	Ein Freund plus Schwester, ggf. Kontakt zu Selbsthilfegruppe aufbauen
Bedeutende Lebensbereiche	Ausbildung zum Metzger abgeschlossen, aber dauerhaft berentet, später ggf. Tageszentrum zur Tagesstruktur	Liest viel, kann sich selbst beschäftigen	EU-Rente, ggf. später Tageszentrum
Gemeinschaft, soziales und staatsbürgerliches Leben	–	–	–

Modul 6: Methoden und Intervention

Verortung des Hausbesuchs im Methodenspektrum der Sozialen Arbeit

Die Anzahl der Publikationen im deutschsprachigen Raum, die sich explizit den Methoden der Sozialen Arbeit widmen, ist kaum zu überschauen. Angeführt durch das überaus breit rezipierte Buch *Methoden der Sozialen Arbeit* von Michael Galuske aus dem Jahr 1998 (aktuell 10. Auflage, 2013) sind seit den 2000er-Jahren eine Vielzahl von einschlägigen Neuerscheinungen und Neuauflagen in Form von Monographien, Sammelbänden und Einzelbeiträgen in Zeitschriften veröffentlicht worden. Gleichzeitig ist festzustellen, dass es bislang keine allgemeingültige Definition der Begriffe der *Methode, Methodik, Methodenlehre* oder *Methodologie* in der Sozialen Arbeit gibt, über die in der Fachliteratur ein verbindlicher Konsens besteht. Dies hat zur Folge, dass nahezu jedes allgemeine Methoden-Lehrbuch eigene Systematiken zur Diskussion stellt, die zwar fachlich sehr gut begründet und in ihrer Binnenlogik überzeugend sind, jedoch nur bedingte bzw. indirekte Anschlussfähigkeiten zu benachbarten Publikationen zum gleichen Thema haben. Denn in der sozialpädagogischen Fachliteratur ist traditionell ein sehr *breit* bzw. *offen* verwendeter Methodenbegriff festzustellen, der überaus heterogene Inhalte als „Methoden" etikettiert: Hier stehen Handlungsformen in speziellen Arbeitsfeldern (Kinder- und Jugendarbeit, Behindertenhilfe, Altenarbeit, Schulsozialarbeit, Klinische Sozialarbeit, Migrationshilfen, Resozialisierung, Erziehungsberatung, Case Management, Sozialmanagement, Erlebnispädagogik u. a. neben Settings (Einzelfallarbeit, Gruppenarbeit, Gemeinwesenarbeit, Ambulant, Teilstationär, Stationär, Aufsuchend u. a.), Kontexten (freiwillige Hilfen, Zwangskontext u. a.), Theorien (Lebensweltorientierung, Ökosoziale Perspektiven, Menschenrechtsprofessionelle Perspektiven, Kritische Sozialarbeit u. a.) und Methodenschulen (Systemische, Klientenzentrierte, Psychodynamische, Verhaltensorientierte u. a.). Diese inhaltliche Heterogenität und Unübersichtlichkeit führt letztlich zu einem grundsätzlichen Problem, denn dadurch konnte bislang noch kein übergreifendes, theoretisch und wissenschaftlich fundiertes Handlungskonzept für die professionelle Praxis der Sozialen Arbeit entwickelt werden (Galuske, 2013; Amthor, 2021, S. 408).

Zur Verortung des Hausbesuchs als aufsuchende psychosoziale Hilfen im Rahmen des heterogenen Methodenspektrums der Sozialen Arbeit sind verschiedene Annäherungen möglich. Ausgehend von der grundlegenden Differenzierung in die sogenannten *drei klassischen Methoden der Sozialen Arbeit* – der Sozialen Einzelfallhilfe (social casework), der Sozialen Gruppenarbeit (social group work) und der Gemeinwesenarbeit (community organisation & development for social welfare) – ist der Hausbesuch eindeutig der Methode der Einzelfallhilfe zuzuordnen, denn er ist für die Arbeit in einem individuellen 1:1 Face-to-Face-Setting in der Privatsphäre eines/r Klient*in konzipiert. Allerdings ist darauf hinzuweisen, dass die Begriffe Einzelfallhilfe, Gruppenarbeit und Gemeinwesenarbeit im Zuge der West-Integration der Bundesrepublik in den 1950er- und 1960er-Jahren aus dem angloamerikanischen Sprachraum übernommen wurden und im engeren Sinne keine eigenständigen Methoden darstellen, sondern nur Settings bzw. Handlungsfelder, in denen spezifische Methoden der Diagnostik, Intervention und Evaluation aus etablierten Methodenschulen eingesetzt werden können (Bartmann, 2013, S. 20f.; Blanz et al., 2013, S. 63). Das in der Fachwelt breit rezipierte Modell *Handlungskonzepte und Methoden in der Sozialen Arbeit* von Galuske (2013, S. 168) lehnt sich an die o. g. drei klassischen Methoden an und nimmt eine Differenzierung in drei Bereiche vor:

1. Direkt interventionsbezogene Konzepte und Methoden (binnendifferenziert in die Untergruppen: Einzelfall- und primärgruppenbezogene Methoden und Gruppen- und sozialraumbezogene Methoden),
2. indirekt interventionsbezogene Methoden und
3. struktur- und organisationsbezogene Methoden.

In diesem Modell ist der Hausbesuch den einerseits *Direkt interventionsbezogenen Methoden (Untergruppe: Einzelfallbezogene Methoden)* zuzuordnen, denn die Hausbesuche stellen ein individuelles 1:1 Face-to-Face-Setting dar; andererseits enthält der Hausbesuch auch Aspekte *direkt interventionsbezogener Konzepte und Methoden (Untergruppe: Sozialraumbezogene Methoden),* denn obwohl die sozialraumbezogenen Methoden eher infrastrukturorientiert (z. B. Stadtteil- und Quartiersarbeit) sind, finden Hausbesuche prinzipiell vor Ort in der konkreten Wohnsituation, im Wohnviertel, im sozialen Nahumfeld und in der Atmosphäre des Milieus der Klientel statt. Die Informationen, die die Fachkraft durch die Konfrontation mit diesen Räumen erhält, können wichtig sein und den weiteren Verlauf des Hilfeprozesses beeinflussen. Im Anschluss an die sozialraumbezogenen Methoden findet der Hausbesuch als Form der aufsuchenden Hilfen im Kontext der sozialarbeitswissenschaftlichen Theorien seine Anknüpfungspunkte insbesondere in den z. T. bereits „klassischen" Konzepten der *Lebensweltorientierung* (Thiersch, 2012), des *Lebensbewältigungsansatzes* (Böhnisch, 1994) und des *Lebenslagekonzepts* (Engels, 2006; siehe hierzu ausführlich Abschnitt 1.3 Theoretische Grundlagen).

Interventionsmethoden

Der Begriff „Methode" kommt aus dem Altgriechischen *(medhodos* gebildet aus *meta* und *hodos)* und bedeutet „das Nachgehen" bzw. „der richtige Weg". Im Allgemeinen stellt eine Methode ein auf einem Regelsystem aufbauendes Verfahren zur Erlangung von wissenschaftlichen Erkenntnissen oder praktischen Ergebnissen dar und bezeichnet die Art und Weise eines Vorgehens (Blanz et al., 2013, S. 63). Demnach wäre in der Praxis der Sozialen Arbeit eine *Methode* ein planmäßiges Vorgehen zur Erreichung eines bestimmten Ziels bzw. zur Lösung eines Problems, das auf fundierten Wissensbeständen (z. B. herrschenden Lehrmeinungen, wissenschaftlichen Theorien) stehen muss. Erst dann ist eine planbarere, nachvollziehbare und kontrollierbare Gestaltung von Hilfeprozessen möglich, die allen beteiligten Personen gerecht werden kann. Eine bedeutende Erweiterung dieser Sichtweise legen Geißler und Hege in ihrem Buch *Konzepte sozialpädagogischen Handelns* aus dem Jahr 1978 (11. Auflage, 2007) vor. Die beiden Autor*innen entwickeln das Modell einer hierarchischen Rahmenstruktur von miteinander verwobenen Elementen, durch das die Ziele, die Inhalte, die Methoden und die Verfahren eines Hilfeprozesses in einen sinnhaften Zusammenhang gebracht werden. Dies erfolgt durch die Differenzierung zwischen den drei Begriffen *Konzept, Methode* und *Technik* (Geißler et al., 2007, S. 20ff.; Blanz et al., 2013, S. 63; Galuske, 2013, S. 30ff.):

- Das *Konzept* ist ein übergeordnetes Handlungs- und Erklärungsmodell im Sinne einer etablierten Theorie bzw. einer definierten Zielsetzung. In diesem Modell werden die Inhalte, Methoden und Techniken, die in einem Hilfeprozess zum Tragen kommen, in einen sinnvollen Zusammenhang gebracht.
- Die *Methode* ist der vorausgedachte Plan der Vorgehensweise zur Zielerreichung bzw. Problemlösung, der sich aus dem Konzept ableitet.
- *Techniken* sind erprobte professionelle Handlungen, die sich aus dem Konzept und der Methode ableiten. Sie beinhalten dabei auch Einzelelemente der Methode. Im Rahmen einer Intervention setzen sie den Plan der Vorgehensweise durch ein konkretes Handeln in der Praxis um.

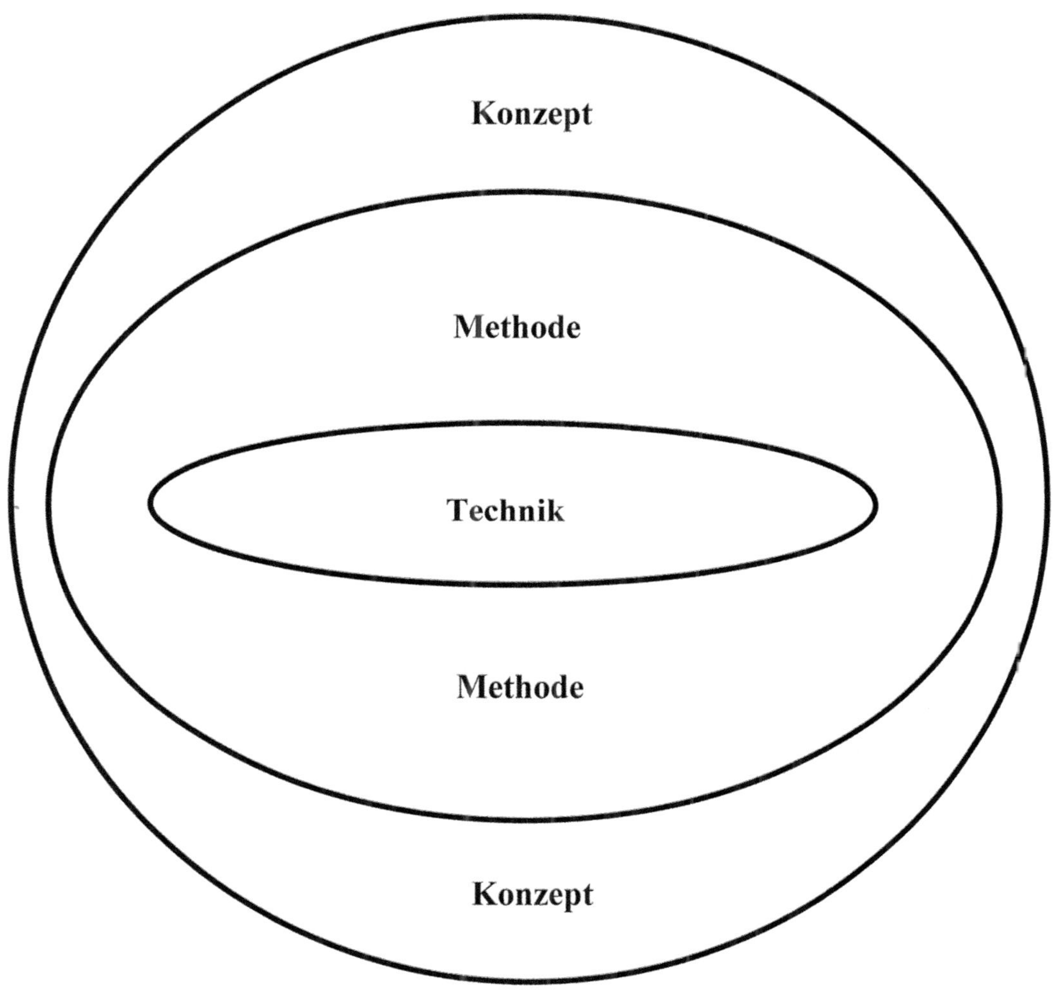

Aus: Galuske, 2013, S. 32

Abbildung 6: *„Konzept-Methode-Technik" nach Geißler und Hege (1978)*

Für die Praxis der Sozialen Arbeit bedeuten die *engeren* Definitionen von Geißler und Kollegin (1978; 2007) sowie von Blanz und Kollege (2013), dass von den vielen o. g. „Methoden" letztlich nur diejenigen alle Kriterien erfüllen und somit als übergreifende Orientierungen übrigbleiben, die sich auf der Grundlage von langjähriger Forschung, Theorieentwicklung, Praxiserprobung und empirischer Prüfung entwickelt haben. Dies trifft insbesondere auf die Methodenschulen zu, die primär aus dem klinischen Bereich stammen und in der Sozialen Arbeit rezipiert werden. Daher beziehen sich die o. g. Autor*innen auch explizit auf traditionsreiche, bis ins späte 19. Jahrhundert zurückreichende Methodenschulen aus dem klinischen bzw. psychotherapeutischen Kontext: Geißler und Kollegin auf psychoanalytische Theorien (Psychoanalytische Sozialarbeit), Blanz und Kollege auf behaviorale Theorien (Verhaltensorientierte Soziale Arbeit), beides sogenannte *Richtlinienverfahren.* Kennzeichnend für evidenzbasierte Schulen aus dem klinischen Bereich ist ihre systematische Orientierung an der schrittweisen Durchführung der Diagnostik, Intervention und Evaluation als methodische Kernelemente in der Fallarbeit. Hinzu kommen noch Aspekte der Anamnese, der Arbeitsbeziehung zwischen Fachkraft und dem/r Klient*in, der gemeinsamen Bestimmung der Interventionsziele zwischen Fachkraft und dem/r Klient*in sowie der Katamnese. Exemplarisch sei hier auf das *Sieben-Phasen-Modell* von Kanfer, Reinecker und Schmelzer hingewiesen, dass erstmals 1990 in dem Buch *Selbstmanagement-Therapie* veröffentlicht wurde (aktuell 5. Auflage, 2012). Dieses verhaltensorientierte Modell bietet eine grundlegende Übersicht bzgl. des strukturierten, stufenweisen Aufbaus eines Hilfeprozesses, ist prinzipiell handlungsfeldübergreifend und in diversen psychosozialen Settings einsetzbar (siehe *Material 24).*

Material 24: *Das „Sieben-Phasen-Modell" (modifizierte Kurzversion)*

1. *Eingangsphase:* Schaffung günstiger Ausgangsbedingungen, Bildung einer kooperativen Arbeitsbeziehung, Beginn der allgemeinen und problembezogenen Informationssammlung u. a.
2. *Aufbau von Änderungsmotivation:* Vorläufige sachliche und motivationsabhängige Auswahl von Änderungsbereichen, Nutzung von inhärenten Motivationsbedingungen, Reduktion von Demoralisierung und Resignation u. a.
3. *Analyse und Diagnose der individuellen und sozialen Problemlagen:* Was genau ist das Problem, wie ist es entstanden, was hält es aktuell aufrecht?
4. *Vereinbaren der Ziele:* Gemeinsame Zielanalyse nach vorheriger transparenter Diskussion der Problemlage, Definition von Interventionszielen bzw. Zwischenzielen, Zeitplanung u. a.
5. *Planung und Durchführung der Intervention und Methodenwahl:* Interventionsplanung auf Basis der Ergebnisse aus den ersten vier Phasen, Entscheidung über die Durchführung der Intervention, Diskussion und Entscheidung des hier angezeigten methodischen Vorgehens u. a.
6. *Evaluation des Verlaufs:* Kontinuierliche, interventionsbegleitende und zielabhängige Evaluation, ggf. Verlaufsdiagnostik u. a.
7. *Endphase:* Stabilisierung und Transfer der Fortschritte, ggf. Arbeit an restlichen Ansatzpunkten bzw. Bearbeitung neuer Ziele, Ausblenden der Kontakte, abschließende Evaluation, Vorbereitung von Katamnesen u. a.

Um als Fachkraft – sowohl im speziellen Rahmen eines Hausbesuchs als auch generell in der psychosozialen Arbeit mit Klient*innen – auf einem möglichst soliden, evidenzbasierten methodischen Fundament in der Praxis handeln zu können, sind idealerweise zwei Kompetenzen wünschenswert: die Feldkompetenz sowie die Methodenkompetenz. Mit *Feldkompetenz* ist ein vertieftes Wissen bzgl. typischer institutioneller Arbeitsbedingungen, organisatorischer Strukturen, rechtlicher Rahmenbedingungen, betrieblicher Milieus, professioneller Vernetzungen, Kooperationen, klientenspezifischer Problemlagen, Dilemmata und Konflikte in einem speziellen Arbeitsgebiet gemeint. Feldkompetente Fachkräfte sind i. d. R. sehr berufserfahren und verfügen also über spezifische Expertisen im Sinne eines Überblicks über ein Handlungsfeld und eines Verständnisses bzgl. der dortigen Herausforderungen. Die *Methodenkompetenz* ist die zentrale inhaltliche Voraussetzung für die Durchführung einer fachgerechten Diagnostik, Intervention und Evaluation eines Hilfeprozesses. Insbesondere für die Anwendungen von Methoden, die aus dem Kontext der psychotherapeutischen Richtlinienverfahren stammen, ist diesbezügliches theoretisches Wissen und praktisches Können notwendig. Diese speziellen Kompetenzen können i. d. R. nur durch eine entsprechende Aus-, Fort- oder Weiterbildung sowie organisationsinterne Mitarbeiter*innenschulungen erworben werden. Die während des Hausbesuchs einsetzbaren Methoden der Diagnostik werden in diesem Buch ausführlich im *Modul 5: Soziale Diagnostik* dargestellt, die Methoden der Evaluation im *Modul 7: Beendigung und Evaluation.* Daher werden im Folgenden ausschließlich Methoden der Interventionen behandelt.

Zentral für die Planung der Intervention, die Auswahl der diesbezüglichen Methoden sowie letztlich die Durchführung der Intervention ist die Fragestellung: Welches ist die praktikabelste und erfolgversprechendste Vorgehensweise, um die zuvor gemeinsam vereinbarten Ziele des Hilfeprozesses zu erreichen bzw. den zuvor definierten Auftrag zu erfüllen? Die Beantwortung dieser Frage ist voraussetzungsvoll, denn sie erfordert eine vorherige inhaltliche Festlegung der fallbezogenen Zielsetzung (ggf. mit Fern- und Teilzielen) und Bearbeitungsbereiche, die

1. gemeinsam mit der/m Klient*in
2. nach der Diagnostik bzw. Analyse der Problemlage erfolgt,
3. die den Plänen der Kostenträger/Leistungserbringer entspricht sowie
4. möglichst präzise und überprüfbar sein sollte.

Zudem sollte die zuständige Fachkraft in der Lage sein, beurteilen zu können, ob ihre Berufserfahrung, ihre Feld- sowie Methodenkompetenzen ausreichen, um die inhaltlichen Anforderungen des Hilfeprozesses zu erfüllen. Wenn dies nicht der Fall sein sollte, dann müsste eine andere Fachkraft die weitere Bearbeitung übernehmen – schon alleine aufgrund professionsethischer Perspektiven. Denn nur dann kann dem/r betroffenen Klient*in eine angemessene Hilfe, Unterstützung und Förderung zuteil werden. Für Hausbesuche in der psychosozialen Arbeit kann es jedoch nicht für jeden Bereich eine allgemeingültige Orientierung für die von den Fachkräften anzuwendenden Interventionsmethoden geben. Denn die fallbezogenen Aufträge, Ziele, Inhalte und Funktionen in den jeweiligen Kontexten sind sehr unterschiedlich und z. T. kaum miteinander zu vergleichen. Dies soll exemplarisch durch die folgenden Skizzen aus drei ganz verschiedenen Handlungsfeldern verdeutlicht werden:

1. Die Sozialpädagogische Familienhilfe (SPFH) nach § 31 SGB VIII ist eine Form der ambulanten Hilfe zur Erziehung, die hauptsächlich im häuslichen Umfeld des Kindes/Jugendlichen stattfindet (siehe Abschnitt 1.1 Gesetzliche Grundlagen in der Jugendhilfe und Schulsozialarbeit). Das Ziel der SPFH ist, Eltern bei der Bewältigung von Erziehungs-, Beziehungs- und Alltagsproblemen zu helfen. Langfristig soll die elterliche Erziehungsverantwortung und -fähigkeit gesichert werden. Orientiert an den Prinzipien der Hilfe zur Selbsthilfe und familiären Autonomie werden in der SPFH insbesondere folgende Aspekte behandelt:

- die Wiederherstellung und Stärkung der Erziehungsfähigkeit
- das Aufdecken von Stärken und Fähigkeiten der einzelnen Familienmitglieder
- die Unterstützung bei der Alltagsbewältigung
- die Stärkung des Selbstwertgefühls
- die Stärkung der Konfliktfähigkeit
- die Verbesserung der Beziehungen untereinander
- die Auflösung von Isolation
- die Entwicklung von Lebensperspektiven
- die Unterstützung bei der materiellen Absicherung
- die Kooperation mit Fachberatungsstellen (Bayerisches Landesjugendamt, 2022).

Dieser sehr breit gefächerte und komplexe Aufgabenkatalog der SPFH soll schließlich dazu beitragen, die Familienmitglieder zu einem selbstständigen Leben zu befähigen, ihre Teilhabe am sozialen Leben zu ermöglichen, das Wohl der Kinder und Jugendlichen zu sichern sowie eine Fremdunterbringung von Kindern und Jugendlichen zu vermeiden. Die Zielsetzung der SPFH – und das ist aus methodischer Sicht entscheidend – wird also durch die Reduzierung von problematischen Verhaltensweisen, durch die Entwicklung erwünschten Zielverhaltens sowie durch das Erlernen von Selbstbeobachtung und Selbstmanagement der Familienmitglieder im kontextuellen Wechselspiel von Erziehung und Kindeswohl erreicht.

2. Im Handlungsfeld der Bewährungshilfe und insbesondere der Führungsaufsicht stellen Hausbesuche bei den professionellen Kontakten mit den Klient*innen i. d. R. das Standardprocedere dar (siehe Abschnitt 1.2 Gesetzliche Grundlagen in der Gerichts- und Bewährungshilfe). Die Führungsaufsicht ist eine nichtfreiheitsentziehende Maßregel der Besserung und Sicherung nach §§ 61 und 68 StGB für Straftäter*innen nach der vollständigen Verbüßung ihrer Haftstrafe oder der Unterbrechung der Unterbringung in einem psychiatrischen Krankenhaus bzw. einer Entziehungsanstalt. Sie wird insbesondere bei Straftäter*innen mit einer negativen oder unklaren Prognose eingesetzt, insbesondere bei Gewalt- und Sexualstraftäter*innen. Einerseits dient die Führungsaufsicht der Resozialisierung, sozialen Wiedereingliederung, der Nachsorge und der Lebenshilfe der Klient*innen, andererseits der Besserung, der Sicherung, der Kontrolle, der Überwachung der Lebensführung und der Verhinderung künftiger Straftaten. Um die Gefahr weiterer Straftaten zu reduzieren, kann das Gericht im Rahmen der Führungsaufsicht Weisungen erteilen, die für die Klient*innen eine deutliche Einschränkung ihrer Bewegungsfreiräume bedeuten können. Z. B. die Aufnahme einer Psychotherapie, einer Berufsausbildung oder Arbeitstätigkeit, das Verbot, Alkohol oder Drogen zu konsumieren, sowie die Auflage zu regelmäßigen Blut- und Urinkontrollen, Vorgaben für die Wohnortnahme, das Verbot des Verlassens des Wohnortes, Kontaktverbote zu bestimmten Personen oder Gruppen oder das Verbot, sich bestimmten Orten zu nähern. Insbesondere das Gebot, bestimmte Personen und Orte zu meiden, soll dazu beitragen, dass die Klient*innen mit möglichst wenigen Anreizen zu neuen Straftaten konfrontiert werden. Zu den zentralen Aufgaben der Fachkräfte in der Führungsaufsicht gehört die umfassende Kontrolle des Verhaltens der Klient*innen – und die kann in besonderem Maße durch Hausbesuche realisiert werden, denn durch diese aufsuchende Arbeit sind unmittelbare Einblicke in das persönliche Wohnumfeld

und das soziale Milieu der Betroffenen möglich. Da die Hausbesuche stets auch einen Überwachungscharakter haben, sind sie von den Klient*innen häufig unerwünscht, was ggf. zu Widerstand (z. B. die Türe wird nicht geöffnet, Terminversäumnisse) führen kann. Dennoch sollten Hausbesuche in der Führungsaufsicht von den Fachkräften angemeldet bzw. vereinbart werden und ein unangemeldeter Besuch sollte die Ausnahme sein. Im Kontext der Führungsaufsicht tritt das Doppelmandat der Sozialen Arbeit (siehe *Modul 3: Ethik*) also besonders deutlich zum Vorschein und die Fachkräfte bewegen sich gegenüber den Klient*innen ständig in einem Spannungsfeld zwischen Kontrolle/Überwachung sowie Hilfe/Unterstützung innerhalb eines Zwangskontexts (Maßregel), zumal die Bewährungshelfer*innen verpflichtet sind, der Führungsaufsichtsstelle und dem Gericht regelmäßig über die persönliche Lebensführung der Klient*innen sowie die Einhaltung/Nichteinhaltung von Weisungen oder bekannt gewordene neue Straftaten bzw. deliktnahes Verhalten zu berichten (Ambulanter Justizsozialdienst Niedersachsen, 2022). Insbesondere hinsichtlich der Weisungen und des Kontrollaspekts in der Führungsaufsicht geht es aus methodischer Sicht um Möglichkeiten einer kognitiv-emotionalen Akzeptanz der Einschränkung von Bewegungs- und Kontaktmöglichkeiten. Der gleichzeitige Aufbau eines vermeidenden Verhaltens, das sich auf die Annäherung an definierte Räume und Personen erstreckt, ist eine klassische verhaltensorientierte Perspektive (Stimuluskontrolle). Wichtig wäre jedoch zudem im Hilfeprozess zu prüfen, ob den Klient*innen Möglichkeiten für die Entwicklung von neuen Aktivitäten und Verhaltensspielräume zur Verfügung stehen, die in ihrem Fall „ungefährlich" und gleichzeitig gesellschaftlich akzeptiert sind.

3. Das *Gesetz zur Stärkung der Teilhabe und Selbstbestimmung von Menschen mit Behinderungen – Bundesteihabegesetz* (BTHG) vom 23.12.2016 definierte als übergeordnete Ziele, die gleichberechtigte Teilhabe am Leben in der Gemeinschaft für Menschen mit Behinderungen zu ermöglichen (siehe Abschnitt 1.3 Gesetzliche Grundlagen in der Eingliederungshilfe). Hierzu gehört auch explizit die selbstbestimmte und eigenverantwortliche Lebensführung in einem eigenen Wohn- und Sozialraum (§ 113 SGB IX), wodurch Hausbesuche bei den Klient*innen ein überaus geeignetes und zielführendes Hilfesetting darstellen (Bräutigam et al., 2022, S. 214ff.). Die psychosozialen Fachkräfte, die im Bereich der Eingliederungshilfe tätig sind, sollen die Adressat*innen im Sinne von Assistenzleistungen bei der Erreichung dieser Ziele im Rahmen der individuellen Möglichkeiten unterstützen und sie zur Alltagbewältigung befähigen. Nach § 78 Abs. 1 SGB IX umfassen die Assistenzleistung zur Bewältigung eines selbstbestimmten und eigenständigen Alltags der Klient*innen:

- die Tagesstrukturierung,
- die Haushaltsführung,
- die Gestaltung sozialer Beziehungen,
- die persönliche Lebensplanung,
- die Teilhabe am gemeinschaftlichen und kulturellen Leben,
- die Freizeitgestaltung einschließlich sportlicher Aktivitäten,
- die Sicherstellung der Wirksamkeit der ärztlichen und ärztlich verordneten Leistungen sowie
- die Verständigung mit der Umwelt in diesen Bereichen.

Die definierten Aufgabenstellungen sind zwar vergleichsweise konkret und praxisorientiert, in Anbetracht der vielfältigen Formen von Behinderungen – die unterschiedlichste körperliche

Einschränkungen, psychische Störungen und kognitive Beeinträchtigungen umfassen – können diese jedoch nur von besonders qualifizierten Fachkräften als sogenannte *Qualifizierte Assistenz* durchgeführt werden. Denn die psychosozialen Fachkräfte müssen umfassende Kenntnisse bezogen auf die besonderen Anforderungen in der Arbeit mit Menschen mit Behinderungen aufweisen und um deren spezifische Bedürfnisse wissen. Z. B. sollten die Fachkräfte kommunikative Barrieren überwinden können, wenn sie mit Menschen in Kontakt treten, die kognitive Einschränkungen (Intelligenzminderungen) oder Sinneseinschränkungen (Taubheit, Blindheit, Taubblindheit) haben. Zudem müssen die Fachkräfte selbst über ein großes Spektrum handlungsbezogener Kompetenzen verfügen, um mit den Klient*innen die o. g. Techniken der Alltagsbewältigung üben zu können. In Anlehnung an den Anforderungskatalog des Landesverbandes Sozialpsychiatrie Mecklenburg-Vorpommern (2022) sowie des Landschaftsverbandes Westfalen-Lippe (2022) z. B.:

- ❖ Anleitung beim Einkauf von Waren, zum Umgang mit Geld, zur Zubereitung von Nahrungsmitteln, zur Haushaltsreinigung
- ❖ Anleitung zur Strukturierung des Alltags und Üben von zeitlicher Orientierung (Tageszeiten, Uhrzeit, Kalender, Tagesplan, Wochenplan, Tag- und Nachtrhythmus)
- ❖ Anleitung zur persönlichen Gesundheitssorge (z. B. selbstständige Arztbesuche, selbstständige Einnahme von Medikamenten)
- ❖ Anleitung zur angemessenen Kommunikation, Beziehungsaufbau und -pflege (mit Nachbarn, Fremden, Gruppen u. a.), Übungen zum Vermeiden von Konflikten
- ❖ Auseinandersetzung mit der eigenen Beeinträchtigung im Alltag und Anleitung zum Erkennen eigener Ressourcen und persönlicher Ziele
- ❖ Anleitung zur Teilnahme an Bildungs-, Arbeits- und Beschäftigungsangeboten
- ❖ Anleitung zur Planung der Freizeit, Unterstützung zur Teilhabe am Gemeinschaftsleben (z. B. Sportverein), Unterstützung beim Leben von Religion (z. B. Kirchengemeinde), Unterstützung beim Verwirklichen von politischer Teilhabe (z. B. Wahlen).

Obwohl die Praxis der qualifizierten Assistenz immer personenzentriert erfolgt und sich am individuellen Bedarf des/r jeweiligen Klient*in orientiert, sind aufgrund der o. g. allgemeinen Auftragslage (soziale Teilhabe und selbstbestimmte Lebensführung) aus methodischer Sicht von den Fachkräften als grundlegende Voraussetzungen v. a. spezielle Wissens- und Feldkompetenzen im Themengebiet Behinderungen zu erwarten. Zudem steht bzgl. der Alltagsbewältigung methodisch die Entwicklung von erwünschtem Zielverhalten im Mittelpunkt, das von den Fachkräften durch gut vorbereitetes, angemessenes und behutsames Anleiten und Üben den Klient*innen im Rahmen ihrer individuellen Möglichkeiten vermittelt werden kann. Ob darüber hinaus auch noch Techniken des Modelllernens oder des Rollenspiels zu Übungszwecken eingesetzt werden können, hängt letztlich sowohl von den professionellen Kompetenzen der Fachkraft und den individuellen Fähigkeiten der/s jeweiligen Klient*in ab.

Trotz der offensichtlichen Heterogenität dieser drei Einsatzbereiche von Hausbesuchen ist festzustellen, dass sie einige zentrale Übereinstimmungen haben. Manche der dortigen Aufträge und Ziele sind für die Fachkräfte nur durch deren Anwesenheit vor Ort in der Wohnung der Klient*innen umsetzbar – z. B. die Erfassung von häuslichen Routinen im privaten Umfeld, die Kenntnisnahme des Milieus im Quartier, die Durchführung von In-vivo-Übungen. In allen drei Einsatzfeldern werden somit aus methodischer Perspektive professionelle Handlungen durchgeführt, die der Verhaltensbeobachtung und der Verhaltensmodifikation innerhalb der Wohnung der Klient*innen dienen: Üben und Erlernen von wünschenswertem Zielverhalten und gleichzeitiger Abbau von problematischen Verhaltensweisen. Durch die Möglichkeit der unmittelbaren Umsetzung des Geübten und Erlernten „in den eigenen vier Wänden" stellt der Hausbesuch ggf. ein wirkungsvolleres Setting dar als ein Beratungsgespräch in den Diensträumen einer sozialen Institution. Auch wenn die drei behandelten Einsatzfelder jeweils klar umgrenzte Zielgruppen mit speziellen Problemlagen sowie klar definierte Zielsetzungen mit speziellen Aufträgen haben, ist darauf hinzuweisen, dass professionelle psychosoziale Beratung eine Dienstleistung von Fachkräften ist, die sich stets umfassend auf psychische Aspekte (Gefühle, Gedanken, Wünsche, Erinnerungen, Befürchtungen u. a.) sowie auf soziale Aspekte (soziales Netzwerk, sozioökonomische Situation, Wohnumfeld, familiäre Situation, Bildungsstand, berufliche Situation, Gesundheit u. a.) beziehen muss. Ausgangspunkt der Beratung sind daher immer die besonderen individuellen Problemlagen der einzelnen Klient*innen. Die Komplexität all dieser Themenfelder innerhalb eines Falles unterstreicht die Notwendigkeit von Berufserfahrung und Feldkompetenz. Dies gilt nicht nur im Rahmen eines Hausbesuchs, sondern für jedes Setting in der psychosozialen Praxis. Denn letztlich dienen alle professionellen Dienstleistungen in den behandelten drei Einsatzbereichen der Realisierung der höchsten Werte und obersten Ziele sozialberuflichen Handelns (siehe hierzu Modul 3: Ethik): der Befähigung zur selbstständigen Lebensführung (Autonomie), der Förderung und dem Erhalt von sozialer Teilhabe (Inklusion) sowie der Förderung und dem Erhalt von materieller Versorgung und von gewaltfreien Lebensbedingungen (Grundsicherung).

Modul 7: Beendigung und Evaluation

Der geplante Abschluss einer Maßnahme, einer Intervention, stellt einen Prozessabschnitt in einer Abfolge von aufeinander aufbauenden Schritten dar. Spätestens die Beendigung einer Intervention oder eines ganzen Kontaktes setzt voraus, dass eine Überprüfung der erfolgten Leistungen, der Entwicklung des Falls und ein Abgleich hinsichtlich vereinbarter Ziele und sonstiger eingetretener Effekte erfolgt. In diesem Sinn ist die Beendigung von Interventionen Teil koordinierender Prozessbegleitung und benötigt professionelle Reflexions- und Evaluationskompetenz (Gromann, 2010).

Die Evaluation von Maßnahmen begleitet die Praxis Sozialer Arbeit seit ihren Anfängen, sie ist Methode zur Überprüfung der Wirksamkeit professioneller Interventionen, bietet als Variante der Sozialforschung einen Zugang zur Wirksamkeits- und Praxisforschung und ist als Arbeitsschritt professioneller Prozessgestaltung etablierter Bestandteil (Hahn & Hüttemann, 2015; Merchel, 2010). Evaluation wird verstanden als meist organisational verankertes, systematisiertes und transparentes (überprüfbares) Vorgehen der Sammlung von Daten zu einem definierten Gegenstandsbereich oder Sachverhalt durch standardisierte, reliable und valide Methoden. Die so gewonnenen Daten erlauben eine Bewertung der beobachteten datenbasierten Effekte auf Grundlage vorher formulierter Kriterien und sind Basis für Entscheidungen bzw. Einschätzungen zur fallbezogenen Wirksamkeit, zur Weiterentwicklung oder Verbesserung des untersuchten Sachverhalts oder zur fallübergreifenden Bewertung (Merchel, 2010, S. 19). Die Analyse einzelner Arbeitsschritte, Maßnahmen oder Interventionen entspricht einer Programmevaluation, wobei „Maßnahmen, Angebote oder Interventionen zum Gegenstand der Evaluation, mit denen eine oder mehrere Organisationen bestimmte Ziele erreichen wollen“, gemessen, ausgewertet und beurteilt werden (Merchel, 2010, S. 24).

Beendigung von Hausbesuchen

„Wie in der Sozialen Arbeit insgesamt befindet sich die Praxisforschung zum Thema Wirksamkeit und Erfolg von Hausbesuchen noch in den Anfängen“ (Gerull, 2014, S. 137). Dieser Befund aus dem Jahr 2014 stimmt sicher auch noch für den Bereich von Hausbesuchen in der Sozialen Arbeit. Inhaltlich und systematisch stellen sich, vor der Frage nach Wirksamkeit oder Wirkeffekten, Fragen nach Dauer und Häufigkeit von Hausbesuchen. Wie viele Hausbesuche sollen durchgeführt werden (Plan)? Wie oft hat tatsächlich ein Hausbesuch stattgefunden? Wie lange dauert ein Hausbesuch? Ist die Dauer bereits im Vorfeld festgelegt oder folgt die Fachkraft der Dynamik der Besuchssituation? Welche Ziele wurden für einen konkreten (z. B. den ersten) Hausbesuch definiert? Welche dieser Ziele wurden erreicht? Welche Zeit wurde dafür veranschlagt bzw. konkret verbraucht? In der gesamten Literatur zu Hausbesuchen als Form aufsuchender Sozialer Arbeit findet sich kein Hinweis, wann ein konkreter Hausbesuch beendet werden kann (oder sollte) und woran die Gesamthäufigkeit und Frequenz der Besuche festzumachen wäre. Wie in der gesamten psychosozialen Hilfeplanung üblich, orientieren sich Umfang und Häufigkeit von sozialen Dienstleistungen am Bedarf einer Person (Schreider, 2017) und werden in einem Hilfeplanbogen formuliert und vereinbart. Je geringer die zur Verfügung stehenden Ressourcen und je größer Einschränkungen und Problemlagen und damit der Unterstützungsbedarf sind, desto intensiver (zeitlich und inhaltlich) erfolgen die konkreten Interventionen. Teil eines solchen Hilfeplans sind Zielformulierungen, also Perspektiven auf der Ebene Zeit (Bis wann soll etwas umgesetzt werden?) und Inhalt (Durch welche konkreten Maßnahmen?). Überträgt man dieses Grundgerüst auf den Bereich von Hausbesuchen (die Teil eines übergeordneten Hilfeplans sind), ergeben sich für jeden einzelnen Hausbesuch definierte Inhalte und Teilziele. Dauer und Frequenz stehen dabei im Verhältnis zu den Rahmenbedingungen der Fachkraft (vereinbartes Stundenkontingent, Zeitumfang im konkreten Fall, Umfang der zu bearbeitenden Themen) und den Bedarfen und Möglichkeiten der Klient*innen (Belastbarkeit, Bedarfe, Einschränkungen und Fähigkeiten). Konkret dauert ein Hausbesuch so lange, wie die prognostizierte Bearbeitung der vereinbarten Themen veranschlagt wurde, eine Zeitspanne von 45 bis 90 Minuten erscheint dabei angemessen, um die Bedingungen von Dienstplänen, Arbeitsorganisation, Abrechnungsmodalitäten etc. abbilden zu können. Ggf. kann bei Überschreiten des zeitlichen Rahmens ein weiterer/mehrere Hausbesuche(e) vereinbart werden.

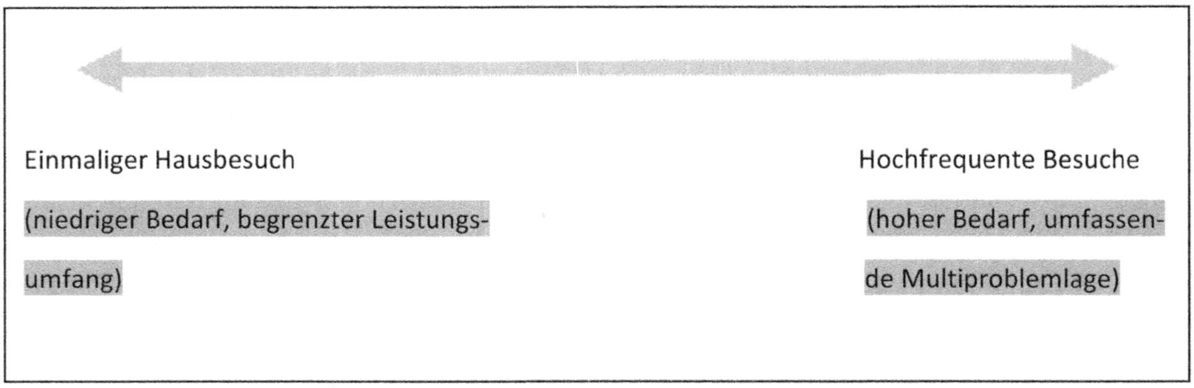

Abbildung 7: *Schema zur Dauer, Frequenz und Beendigung von Hausbesuchen (eigene Darstellung)*

Die Beendigung eines Hausbesuchs erfolgt unter Benennung der zeitlichen und inhaltlichen Vereinbarungen („Es ist jetzt 10.30 Uhr, ich muss dann wieder los. Inhaltlich scheint mir alles so weit erledigt zu sein."), d. h., die Entscheidung, einen Besuchstermin zu beenden, beinhaltet die konkrete Überprüfung (Evaluation) der beiden Ebenen Zeit und Leistungsinhalte. Voraussetzung für eine planvolle Gestaltung von Hausbesuchen ist neben der vorherigen Klärung die (zunächst gedankliche, später schriftliche) Protokollierung des Hausbesuchs: Was wurde besprochen, was wurde vereinbart, welche weiteren Schritte wurden festgelegt? Zeitachse (siehe Material 23).

Neben der Einschätzung von Zielerreichung und formalen Aspekten kommt es bei der Beendigung aufsuchender Kontakte auch auf eine Einschätzung auf den Achsen „Therapieerfolg" und „Ausmaß der Veränderung" an. Im Kontext von Hausbesuchen können diese Aspekte auf die Parameter „Beratungserkenntnisse" und „etablierte Skills" bezogen werden. Rogers (2004, S. 122) schlägt zur Messung dieser Inhalte ein einfaches Rating vor, das einmal durch den/die Besuchte*n (Selbsteinschätzung) und einmal durch den/die Berater*in durchgeführt und abschließend verglichen wird (siehe Material 24).

Unabhängig von dem hier beschriebenen Vorgehen kann es im Rahmen von Hausbesuchen immer auch zu besonderen Vorkommnissen kommen, die eine vorzeitige Beendigung des Besuchs oder eine (teils auch erhebliche) Verlängerung notwendig machen. Als Beispiele finden sich in der Praxis (Gerull, 2014, S. 137f.) Begegnungen, die von starker Unfreundlichkeit, Übergriffen, sexuellen Anzüglichkeiten, bedrohlichem Verhalten oder stark unhygienischen Verhältnissen berichten. Die Grenze für eine vorzeitige Beendigung eines Hausbesuchs liegt, neben den individuellen Einschätzungen und der Belastbarkeit der Fachkraft, in den konzeptionellen Grundlagen zur Gestaltung von Gesprächskontakten einer Institution, z. B. angelehnt an die Gesprächsregeln nach Rogers (2004), oder vereinbarten Sicherheitskonzepten. Die Begründung einer zeitlichen Verlängerung eines Hausbesuchs kann z. B. im Rahmen auftretender Instabilität der Besuchten, krisenhafter Entwicklung bis hin zu Suizidalität reichen (Modul 4: Krisen).

Zur Erfassung der emotionalen Ebene der Klient*innen in Hausbesuchssituationen können Reflexionsfragen verwendet werden, welche die Ebenen „Anlässe“, „Erwartungen“, „angenehme Gefühle“, „unangenehme Gefühle“ und „Sonstiges“ umfassen. Diese Kategorien wurden im Rahmen der Praxisforschung zu Hausbesuchen von Gerull (2014, S. 178) entwickelt und dort als Interviewleitfaden zur Erfassung der Erfahrungen der Klient*innen/Adressat*innen verwendet. Sie bieten einen guten Zugang zur Erfahrungswelt besuchter Menschen im Rahmen aufsuchender Sozialer Arbeit. Solche Reflexionsfragen können z. B. am Ende eines Hausbesuchs/einer Serie von Hausbesuchen eingeführt werden (siehe Material 26).

Evaluation von Hausbesuchen

Was ist ein erfolgreicher Hausbesuch? Ausgehend von den Überlegungen zur Beendigung einzelner Hausbesuche oder der gesamten aufsuchenden Arbeit im Rahmen strukturierter Fallarbeit empfehlen sich zusätzlich strukturierte Protokolle, welche das Verhalten der Klient*in im häuslichen Umfeld, die erkennbaren Ressourcen, Belastungen und hemmenden Faktoren, Auffälligkeiten und Hinweise auf „Normalität“, das Funktionsniveau und die (erkennbare) soziale Struktur sowie Angaben zum Sozialraum (Wohngebäude, Stadtviertel etc.) enthalten (siehe Material 27). Die protokollierten Inhalte und Eindrücke werden dann in den Zusammenhang mit den „in der Fallbearbeitung aktuell zu bearbeitenden Problemen“ (Pantuček-Eisenbacher, 2019, S. 137) gebracht. Angelehnt an einen *Beobachtungsleitfaden Hausbesuch* kann dann diskutiert werden, wie sich die Wohnsituation auf die Möglichkeiten des/r Klient*in auswirkt, welche Chancen und Risiken damit verbunden sind, welche unterstützenden oder hemmenden Faktoren zu erkennen sind und wie der/die konkrete Klient*in in diese Wohnsituation „passt“ (ebd.).

Hausbesuche verändern die Beziehungsstruktur zwischen Fachkräften und Klient*innen (Pantuček-Eisenbacher, 2019, S. 133; Giertz et al., 2022, S. 222; Gerull, 2014, S. 35), sind „Fluch und Segen“, je nachdem, ob die Balance zwischen Nähe und Distanz, zwischen Hilfe und Kontrolle gelingt – oder nicht. Als eigenständige Reflexionsebene schlagen Giertz und Kolleg*innen (2022, S. 214) vor, die Beziehungsqualität im Rahmen von Hausbesuchen gesondert zu reflektieren, was auf den Ebenen „Hilfebeziehung“ und „Setting-Besuchte-Besuchende“ erfolgt:

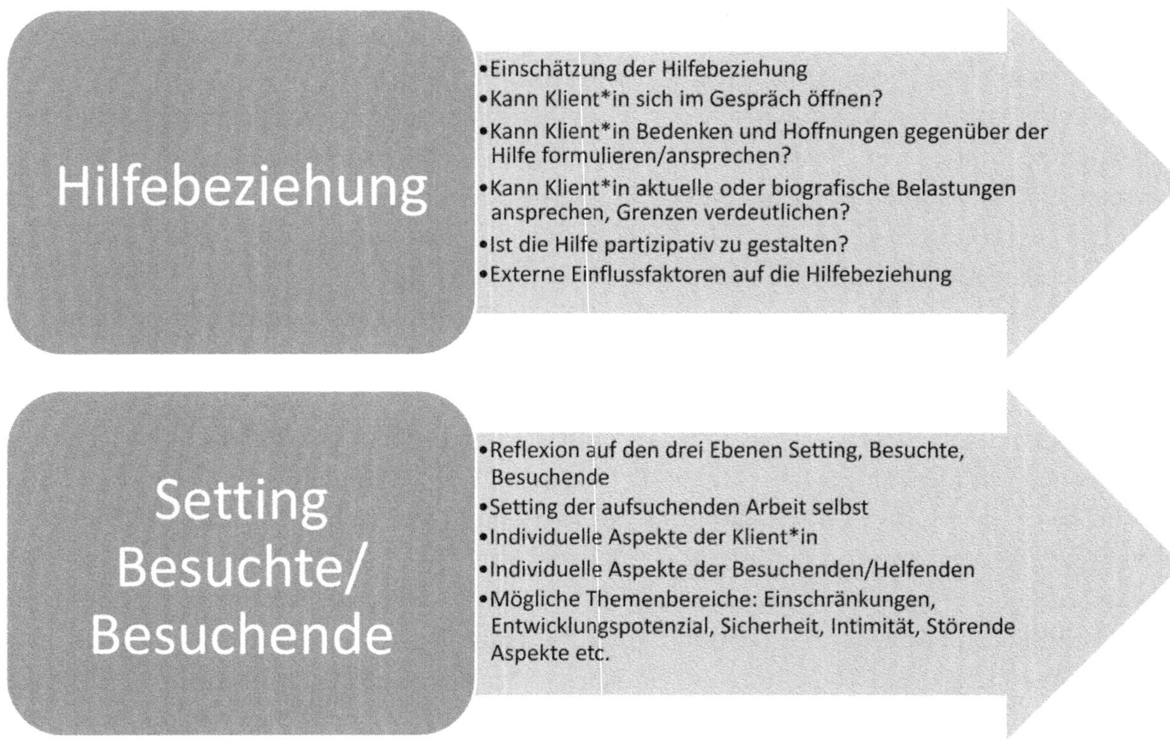

Abbildung 8: *Checkliste zur Reflexion der Hilfebeziehung als zentrales Moment der aufsuchenden Hilfe (eigene Darstellung in Anlehnung an Giertz et al., 2022, S. 221)*

Durch Reflexion und Evaluation einzelner oder mehrerer Hausbesuche ist die Gestaltung aufsuchender Hilfen als zielgerichtete Intervention möglich. Professionelle Besuche bei Personen in deren häuslichem Umfeld unterscheiden sich damit von privaten Besuchen bei Freunden, Bekannten oder Verwandten, indem Ziele definiert werden, deren Erreichen beurteilt wird, die Qualität des Settings, der Beziehung analysiert wird und ein formeller Abschluss der einzelnen Begegnungen erfolgt, der weniger durch individuelle Aspekte (z. B. Verunsicherung, Langeweile, Ärger etc.) intendiert wird, sondern durch planmäßige Gestaltung und Koordination (Gromann, 2010).

Zur Reflexion und Evaluation einzelner (oder einer Reihe mehrerer) Hausbesuche im Rahmen strukturierter Fallarbeit liegen mittlerweile unterschiedliche Konzepte und Instrumente vor. Es fehlt allerdings weiterhin an größer angelegten Evaluationsstudien, welche Aussagen zu generellen Wirkeffekten aufsuchender Sozialer Arbeit darstellen können. Walther (2015) konstatiert für den Bereich des Ambulant Betreuten Wohnens psychisch kranker Menschen in Deutschland, dass diese Form aufsuchender Hilfen, die stark durch wiederkehrende, regelmäßig durchgeführte Hausbesuche erbracht wird, eine Zunahme der Inanspruchnahme durch Betroffene zur Folge hat. Seine Analyse zur Wirksamkeit dieser Hilfeform beschreibt einen Umfang von über einer Milliarde Euro, die in diesem Bereich ausgegeben werden, bei weitgehend fehlender Wirksamkeitsforschung. Die von ihm referierten evidenzbasierten Wirksamkeitsstudien weisen in unterschiedliche Richtungen (Walther, 2015, S. 105):

1. Die Qualität des individuellen Wohnens ist nicht abhängig von der Wohnform, sondern eher vom psychopathologischen Status, ein Zusammenhang zwischen Wohnform und psychischer Befindlichkeit ist nicht wahrnehmbar.
2. Die subjektive Lebensqualität wird im Ambulant Betreuten Wohnen höher eingeschätzt als in Heimen und Soziotherapeutischen Einrichtungen.
3. Ambulante Wohnformen führen im Zusammenhang mit aufsuchenden Hilfen zu einer Reduktion stationärer Behandlungsphasen.
4. Aufsuchende Hilfen erweisen sich als kostengünstiger als vollstationäre Versorgungsformen.
5. Klient*innen, die über einen eigenen Wohnraum verfügen, erleben dies als Statusverbesserung (gegenüber einer früheren Heimunterbringung) und Verbesserung der Selbstbestimmungsmöglichkeiten (Autonomie) und Selbstständigkeit.
6. Die Lebenszufriedenheit ambulant betreuter Personen, welche durch aufsuchende Hilfen betreut werden, unterscheidet sich in den Funktionsbereichen „Finanzen", „Freizeit", „eigene Person", „Soziale Einbettung", „Wohnung" nicht vom Bevölkerungsdurchschnitt (lediglich im Bereich „Gesundheit" bestehen negative Abweichungen).
7. Die Funktionsfähigkeit der ambulant betreuten Personen hat sich nur teilweise verbessert.
8. Die Soziale Situation hat sich im Rahmen aufsuchender Hilfen nicht signifikant verbessert.
9. Bei einem Viertel der Klient*innen in dieser Versorgungsform hat sich der Bereich der Selbstversorgungsfähigkeit verschlechtert.
10. Es gibt keine Hinweise auf eine Verbesserung in Bezug auf den Umgang mit der eigenen Erkrankung.

Die hier referierten, teilweise sehr unterschiedlichen, teilweise widersprüchlichen Studienergebnisse zeigen, dass aufsuchende Soziale Arbeit in Form von Hausbesuchen – unter bestimmten Umständen und im konkreten Einzelfall – deutlich positive Effekte aufweisen kann, dass es aber auch zu Stagnation (keine Veränderung) oder auch rückläufigen Entwicklungen kommen kann. Um hier eine Verbesserung der Hilfen realisieren zu können, braucht es – weitgehend – standardisierte, an theoretischen Konzepten und etablierten methodischen Verfahren orientierte Interventionen bei der Gestaltung von Hausbesuchen. Wirksamkeitsnachweise von Hausbesuchen dienen der Absicherung und Finanzierung dieser Betreuungsform und generieren Handlungswissen für die Praxis der Umsetzung person- und bedarfsorientierter Betreuung, Behandlung und Begleitung („what works?").

Unter Klient*innenperspektive kann Evaluation auch jenseits von Fragen nach Kosteneffekten erfolgen. Wie wirken Hausbesuche bei Klient*innen, „wer mag Hausbesuche (nicht)?" (Campbell & Märtens, 2011). Soziale Arbeit orientiert sich immer an den Selbstdeutungsmustern ihrer Klient*innen, verfolgt einen partizipativen Ansatz und setzt grundsätzlich an der Verbesserung deren Selbstwirksamkeit (Empowerment) an. Dort, wo Kontrollaspekte im Vordergrund stehen (oder das von den Betroffenen vermutet wird), sind Ablehnung und Distanz zu erwarten. Campbell und Kollege (2011) zeigen, dass die Voraussetzungen einer Vertrauensbasis für die Durchführung von Hausbesuchen – zunächst – nicht so relevant erscheinen wie von Fachkräften vermutet. Ca. ein Drittel der untersuchten Stichprobe im Bereich aufsuchender Hilfen bei SGB-II-Leistungsempfängern äußert eine deutliche Bereitschaft gegenüber Hausbesuchen (Campell et al., 2011, S. 148), auch wenn dabei Kontrollaspekte eine Rolle spielen und die Fachkräfte noch nicht bekannt oder vertraut sind. Ein weiteres Drittel zeigt sich hier neutral, nur ein Drittel lehnt Hausbesuche (einmalige oder mehrfache Besuche) ab. Der Befund ähnelt den Ergebnissen aus dem Bereich des Ambulant Betreuten Wohnens: Hausbesuche können erwünscht und dann auch sinnvoll sein. Sie können aber auch auf Ablehnung und Widerstand treffen und dann weniger positive Wirkeffekte entwickeln. Die Forschung steht im Bereich der Hausbesuche noch am Anfang. Größere, auch Arbeitsfeld übergreifende Studien können hier den empirischen Nachweis erbringen, welche Maßnahmen (Hausbesuch ja/nein, welche Frequenz, zu welchem Zeitpunkt im Hilfeprozess) hilfreich sind – evidenzbasiertes Wissen, dass dann wiederum im Einzelfall Anwendung finden könnte.

Material 25: *Protokollbogen Hausbesuch/Kurzevaluation*

Name Klient*in	Datum:	Uhrzeit von – bis	Ort	Name Fachkraft
Besprochene Inhalte				
1				
2				
3				
4				
5				
Durchgeführte Interventionen/Übungen etc.				
1				
2				
3				
4				
5				
Getroffene Vereinbarungen				
1				
2				
3				
4				
5				
Vereinbarte Ziele mit zeitlicher Dimension				
1	Bis wann			
2	Bis wann			
3	Bis wann			
4	Bis wann			
5	Bis wann			

Material 26: *Rankingskalen zur Selbsteinschätzung und Einschätzung durch Berater*innen auf den Ebenen „Therapieerfolg“ und „Ausmaß der Veränderung“ (in Anlehnung an Rogers, 2004, S. 122)*

Einschätzung durch Berater*in (Interventionserfolg):

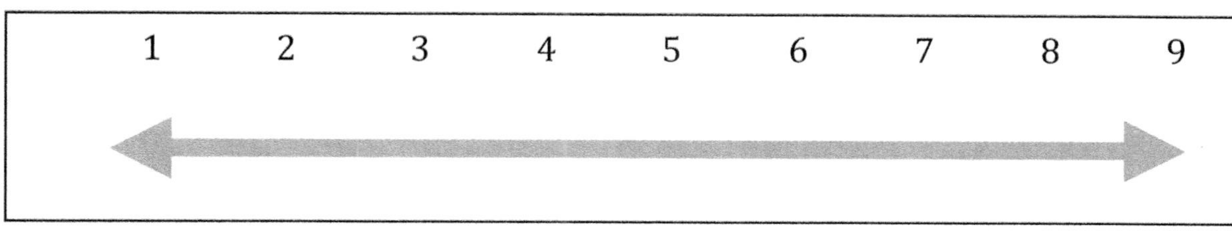

Selbsteinschätzung Klient*in (Therapieerfolg):

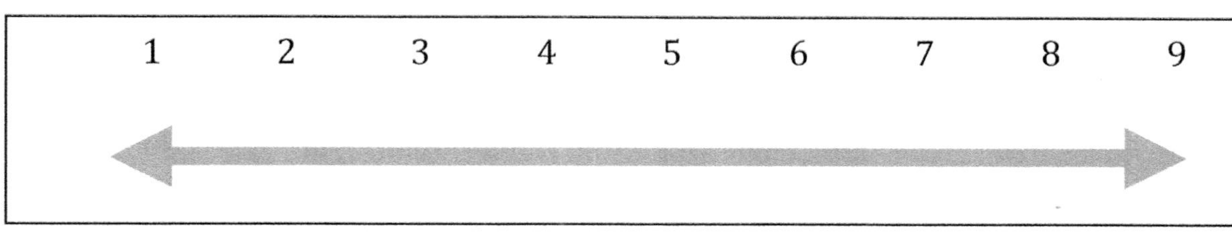

Einschätzung durch Berater*in (Ausmaß der Veränderung):

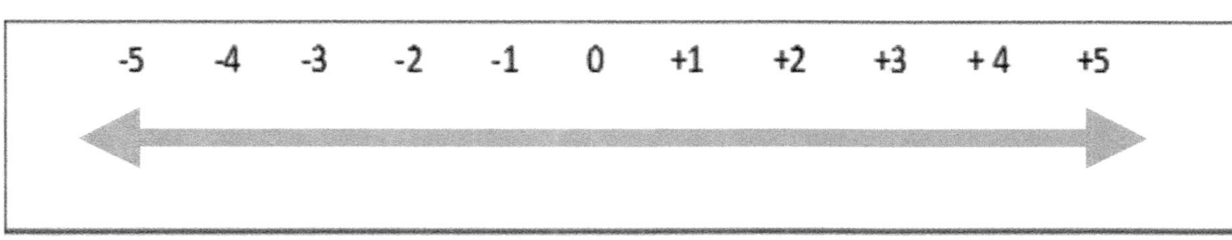

Einschätzung Klient*in (Ausmaß der Veränderung):

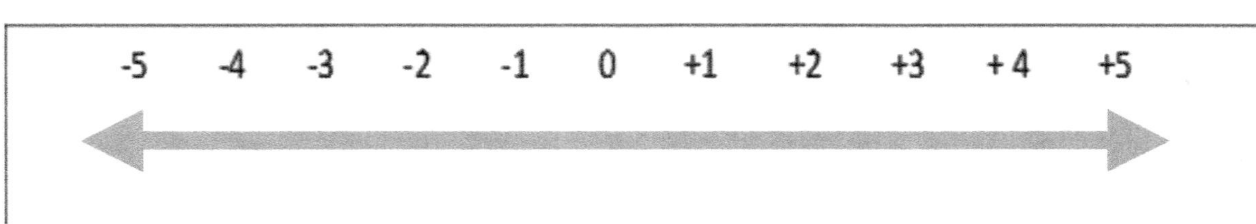

Material 27: *Reflexionsfragen für Klient*innen zur Beendigung von Hausbesuchen (in Anlehnung an Gerull, 2014, S. 178)*

Übergang in die Reflexionsphase durch offene Frage: „Wie haben Sie den/die Hausebesuch/e erlebt? Haben die Besuche Ihren Vorstellungen entsprochen? Was hat Ihnen besonders gut gefallen? Gab es etwas, dass Sie gestört hat?"

Anlässe: „Waren Sie mit dem Hausbesuch einverstanden, haben Sie ihn sich selbst gewünscht? Wurde Ihr Einverständnis eingeholt?"

Material 28: *Beobachtungsleitfaden Hausbesuch – Nachbereitung (in Anlehnung an Pantuček-Eisenbacher, 2019, S. 135)*

Sozialraum und Soziales Umfeld	• Soziale Zusammensetzung der Bewohner im Wohnviertel • Art/Qualität und Anzahl der Geschäfte und Lokale im Viertel, Versorgungsstruktur, Infrastruktur • Treffpunkte, Erholungsmöglichkeiten, Lärmbelastung, Luftqualität, Atmosphäre im Viertel
Haus	• Miet-, Genossenschafts-, Eigentumswohnungen • Soziale Zusammensetzung der Bewohnerschaft • Alter des Hauses • Baulicher Zustand des Hauses, Sauberkeit, Sicherheit des Bestandes
Wohnung – Fakten	• Zahl und Größe der Zimmer und der Nebenräume • Garten/-anteil • Helligkeit, Feuchtigkeit • Zustand und Ausstattung der Böden, Heizung, Strom- und Gasanschlüsse, Qualität der Fenster • Temperatur (Sommer/Winter)
Wohnung – Nutzung	• Belegung der Zimmer • Gestaltung und Ausstattung als Ausdruck von finanziellen Möglichkeiten und Geschmack • Vollständigkeit, Stil und Zustand der Möblierung • Beschädigungen an Möbeln, Geräten, Verputz, Türen etc. • Rückzugsmöglichkeiten für Bewohner*innen • Funktionstrennung der Räume (Schlafen/Arbeiten, Wohnen/Kochen) Pflegezustand der Räume, „Vermüllung?", „Messiproblematik?" • Sanitärräume (Zustand, Vollständigkeit, Hygiene) • Behindert der Zustand der Räume und deren Ausstattung die Nutzung (Unübersichtlichkeit, Unordnung, Baufälligkeit etc.)

Ausstatung/Gestaltung	• Dekoration (Bilder, Poster, Dekomaterial etc.) • Erinnerungsstücke, Fotos • Gebrauchsgegenstände • Lagergut mit größerem Flächenbedarf • Tiere (Anzahl, Art, Zustand)
Personen im Raum	• Wer ist anwesend, abwesend – warum? • Wer nimmt welche Plätze bevorzugt im Raum ein? „Sozial-räumliche Ordnung" • Wer spricht vorrangig, wer lässt wen (nicht) ausreden, wer spricht für andere? „Deutungshoheit" und Kontrolle
Weitere Merkmale	• Art und Zustand der Kleidung (nachlässig, schlampig oder „herausgeputzt"? • Läuft während des Gesprächs Fernsehapparat, Radio?
Störungen	• Art und Häufigkeit von Störungen (Anrufe, Türklingel, Tiere, Lärm, Bedarf von Angehörigen/Kindern/Pflegebedürftigen) • Häufiger Bezug auf andere, nicht anwesende Personen? Welche? Welcher Sachzusammenhang? Bedeutung dieser Personen für die Wohnsituation • Kommunikationsstil unter den Bewohnern (laut/leise, freundlich/unfreundlich, schimpfen, Beleidigungen, Anordnungen, Bitten, Befehle etc.)
Situation	• Anwesenheit des/der Klient*in zum vereinbarten Zeitpunkt? • Inszenierung der Besuchssituation durch Bewohner*in (Gastgeberschaft, Ablehnung, Distanz?)

Dritter Teil:
Diskussion und Fazit

Hausbesuche stellen einen integralen Bestandteil Sozialer Arbeit in einer Vielzahl von Arbeitsfeldern dar. Sie erfüllen diagnostische Aufgaben und sind eine besonders wirkmächtige Intervention, da die Fachkräfte in der Lebenswelt ihrer Klient*innen agieren, womit die Grenze zwischen professionellem Ort und privater Umgebung überschritten bzw. fachliche Aspekte und persönliches, intimes Leben miteinander in Verbindung gebracht werden. Anders als bei Angeboten, die in Komm-Struktur, z. B. in einer Beratungsstelle oder einer Ambulanz, angeboten werden, wirken Interaktionen im Wohnumfeld direkter, oft intensiver, weil die institutionell-organisatorische Distanz zwischen Fachperson und dem/r Klient*in geringer und der Schutzraum institutionsgebundener Beratungssettings aufgehoben ist. Aufsuchende Soziale Arbeit erfüllt Aufträge auf freiwilliger Basis der Klient*innen, steht aber ebenso im Kontext von Kontrollaufgaben und Unfreiwilligkeit, stellt als Intervention immer wieder auch einen gewissen Zwang dar, z. B. im Rahmen von Kinderschutzinterventionen oder als Kontrollbesuch der Bewährungshilfe. Um diese anspruchsvolle Konstellation fachlich begründet und strukturiert umsetzen zu können, sind fachliche Grundlagen und theoretische Bezüge, ein geplanter Aufbau, definierte Reflexionsebenen und Handlungsmodelle notwendig, um entscheiden zu können, ob Hausbesuche durchgeführt werden sollen, ob sie notwendig sind, auf welcher Grundlage (rechtlich definiert: freiwillig/unfreiwillig) sie erfolgen, zu welchem Zeitpunkt sie durchgeführt werden sollen (initial, später), welche Inhalte und Ziele sie verfolgen sollen und welche Evaluationsschritte angemessen sind. Diese Bausteine wurden in diesem Buch in ein allgemeines Handlungsmodell integriert.

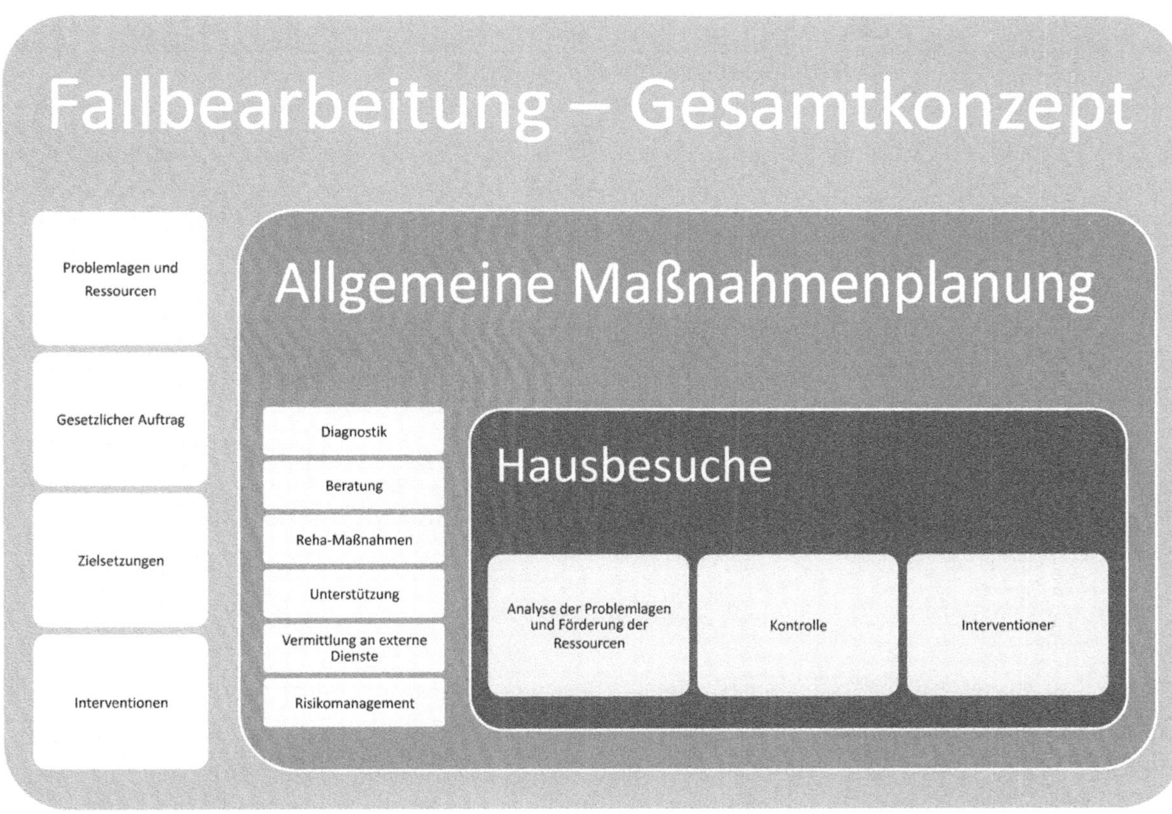

Abbildung 9: *Hausbesuche als Teilmodell psychosozialer Arbeit (eigene Darstellung)*

Hausbesuche verfolgen also mehrere Aspekte, Aufgaben und Funktionen, reichen von rein orientierenden Fragestellungen („Wie lebt Frau X. eigentlich?") über Fragen primär präventiver Überlegungen (z. B. als Teil allgemeiner konzeptioneller Überlegungen), über Dienstleistungsaspekte (Erleichterung der Kontaktgestaltung bei wenig mobilen Klient*innen), die Kontaktintensivierung als Aspekt der Beziehungsgestaltung (Interesse, persönliche Ebene), Kontrollaspekte, Übungsszenarien, diagnostische Interessen, direkte Unterstützung und Begleitung bis hin zu Maßnahmen der Krisenintervention. Gerull (2014, S. 156) hat diese unterschiedlichen Zugänge und Zielsetzungen in einer Systematik erfasst, wodurch verdeutlicht wird, dass die verschiedenen Ebenen nicht immer klar voneinander abgegrenzt, sondern oftmals miteinander verwoben sind, ineinander vermischt sein können.

Tabelle 4: *Systematisierung von Hausbesuchen nach ihrer Zielsetzung und unterschiedlichen Perspektiven (nach Gerull, 2014, S. 156)*

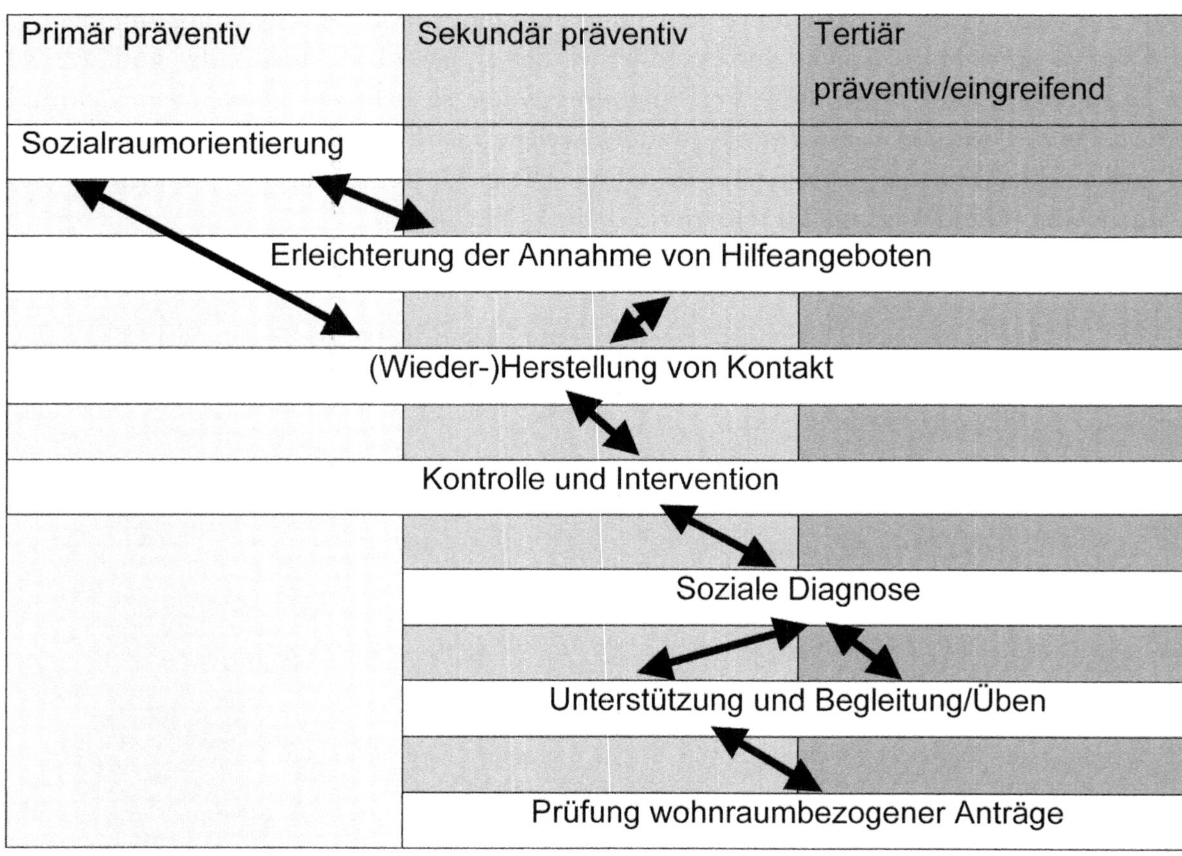

Als handlungswissenschaftlich begründete, theoriegeleitete Intervention stützt sich aufsuchende Soziale Arbeit u. a. auf die Konzepte der Lebenswelt- und Sozialraumorientierung (u. a. Grunwald et al., 2016), den Lebensbewältigungsansatz (Böhnisch, 2019) und das Lebenslagekonzept (Engels, 2006). Dabei geht es um das Wahrnehmen und Verstehen der konkreten Lebensbezüge der Klient*innen, deren Lebensrahmen, Alltagsgestaltung, deren Bewältigungspraktiken, deren Selbstdeutungsmuster und Eigensinn, konkret um die Wahrnehmung sozialer Probleme und Herausforderungen von Personen und Gruppen in einer spezifischen Situation,

Abbildung 10: *Allgemeines Handlungsmodell Hausbesuche (AHH; eigene Darstellung in Anlehnung an Gerull, 2014; Giertz et al., 2022)*

Phasen des Hausbesuchs (HB)													
Perspektiven der: Sozialen Arbeit, Psychologie, Pädagogik, Sozialwissenschaften, Kriminologie, Berufsethik, Psychotherapiewissenschaft, Medizin, Recht													
Planungsphase					Durchführungsphase					Dokumentations-/Evaluationsphase			
A **Rechtlicher Rahmen**	**B** **Entscheid-ung HB ja/nein**	**C** **Ziel-definition**	**D** **Rahmenbe-dingungen**	**E** **Vorbereitung/ Teilnehmende festlegen und einladen**	**F** **Rollen-reflexion A**	**G** **Beginn**	**H** **Aktivitäten**	**I** **Beendigung**	**J** **Rollen-reflexion B**	**K** **Dokumenta tion**	**L** **Evaluation**	**M** **Weitere Planung**	**N** **Supervision Intervision**
Auftrag? Zwang?	Was spricht für/gegen HB?	Was soll mit HB erreicht werden?	HB angemeldet/ unange-meldet?	Vorgeschichte d. Klient*in (interne und externe Informationen)	Rolle der Fach-kraft beim HB?	Erst- oder Folge-besuch?	Aktivität 1	Zeitmana-gement	Selbst-reflexion	Gedank-liches Protokoll	Zielerreich ungs-analyse	Auswertung der Evaluation	Fallbezogen
Spezifische Regelungen	Anlass für HB	Andere Maß-nahmen geplant?	Wahlrecht durch Klient*in?	Externe Informationen	Doppel-funktion en	Begrüßung	Aktivität 2	Hinführung	Haltung	Schriftliches Protokoll	Bewertung „Erfolg“ 1	Konse-quenzen	Institutions-bezogen
	Motivation für HB		Anzahl der teil-nehmenden Personen	Gegenstände, Arbeits-materialien; Formulare	Doppel-rolle	Raum-definition	...	Absprachen	Leitbild; Ethik		Bewertung „Erfolg“ 2	Neue Ziele	Methodenbez ogen
	Wann sollte der HB statt-finden?		Andere Fachkräfte?	Sind Sicherungs-maßnahmen notwendig?		Einführung			Konflikte		Methoden -reflexion	Alte Ziele	Machtbe-zogen
									Störun-gen		Nachbe-sprechung	Erfolg/Mißer-folg	Gender-bezogen
Bei Bedarf KRISENINTERVENTION													
Wenn durchführbar: PRAXISFORSCHUNG													

eingebettet in eine konkrete Umgebung (person-in-environment). Hausbesuche sind neben anamnestischen Gesprächen mit Klient*innen und deren Bezugspersonen eine wertvolle und v. a. direkte Quelle für fallrelevante Informationen und erlauben eine unmittelbare Einschätzung falldynamischer Effekte und sozial-räumlicher Strukturmerkmale. Damit ist der Hausbesuch, wenn er strukturiert und reflektiert durchgeführt wird, eine unmittelbar aus der Theorie ableitbare Methode.

Die Strukturierung von Hausbesuchen kann nach dem Ablaufschema B – Allgemeines Handlungsmodell Hausbesuche erfolgen, eine Abfolge logisch aufeinander aufgebauter und abgestimmter Schritte und Entscheidungswege im Prozess der Planung, Durchführung und Evaluation. Die einzelnen Planungsschritte bauen – idealtypisch – aufeinander auf, verlaufen in der Praxis allerdings oft zirkulär, mit Wiederholungsschleifen, die sich aus dem Verlauf ergeben können. Kriseninterventionen können sich durch den gesamten Prozess ziehen, zu allen Phasen der Planung, Durchführung und manchmal auch bei der Auswertung und Evaluation. Zu den einzelnen Planungs- und Durchführungsschritten (siehe Abbildung 10).

A: Rechtlicher Rahmen

Die rechtlichen Rahmenbedingungen aufsuchender Sozialer Arbeit sind höchst unterschiedlich. Formalisierte Hausbesuche im Rahmen der Bewährungshilfe oder bei der Wahrnehmung des Kinderschutzauftrags durch den Allgemeinen Sozialdienst stellen den Extrempunkt hinsichtlich Verbindlichkeit, Zwang und Interventionsintensität dar und erfüllen zugewiesene, rechtlich definierte Aufgaben, die ihrerseits tief in die psychosoziale Praxis, z. B. die Arbeitsbeziehung zwischen Fachkraft und dem/r Klient*in, einwirken. Auf der anderen Seite stehen freiwillige, teilweise von Klient*innen gewünschte Hausbesuche, die ihre Begründung in methodisch-konzeptionellen Überlegungen finden und entsprechend „frei“ durchgeführt werden können (z. B. hinsichtlich Dauer, Formalien, Frequenz). In jedem Fall sind rechtliche Bestimmungen und Vorgaben bzw. die Freiwilligkeit, die sich jeweils daraus ergebenden Bedingungen und Konsequenzen, der Handlungsspielraum darzustellen und hinsichtlich Flexibilität zu besprechen. Die Darstellung dieser Inhalte sollte unbedingt vor Durchführung eines Hausbesuchs erfolgen, während eines Vorgesprächs in der Dienststelle/Büro oder spätestens zu Beginn des Hausbesuchs.

B: Entscheidung für oder gegen Hausbesuche

Die Entscheidung für oder gegen aufsuchende Maßnahmen im Rahmen psychosozialer Fallarbeit erfolgt auf theoretischer, falldynamischer, institutionell-konzeptioneller, rechtlicher, diagnostischer und beziehungsorientierter Ebene. Grundsätzlich stellen Hausbesuche eine starke Intervention dar (s. o.), die direkt und intensiv auf alle Beteiligten und „auf den Fall“ einwirken können. Fachlich gesehen, drücken Hausbesuche das Interesse an den Klient*innen und deren Lebensbedingungen, deren privatem Umfeld und deren Alltag aus. Sie stellen ein besonders wertschätzendes und aufwendiges Beziehungsangebot dar und erfüllen gleichzeitig inhaltliche Funktionen, vom rechtlichen Auftrag über diagnostische Überlegungen bis hin zu Kontrollaufgaben oder In-vivo-Übungen. Die Entscheidung für oder gegen Hausbesuche orientiert sich zunächst an der Achse „Gesetzliche Pflichtintervention – von Klient*innenseite gewünschte Maßnahme“. Im ersten Fall ist die Durchführung oder zumindest der Versuch von Hausbesuchen alternativlos. Im anderen Fall ist abzuwägen, welche Aspekte für oder gegen aufsuchende Maßnahmen sprechen. Diese Überlegung gilt auch für alle zwischen diesen beiden Extrempunkten liegenden Merkmale, Aspekte und Rahmenbedingungen. Als Orientierungsrahmen hilft eine Entscheidungsmatrix, welche die unterschiedlichen Perspektiven erfassen kann, wobei Begründungszusammenhänge für die aufsuchende Arbeitsweise erschlossen werden.

Material 29: *Betrachtungsebenen/Fallbezogene Fragestellungen (diese bedürfen der Konkretisierung)*

- ⇨ Besteht ein rechtlicher Auftrag zur Durchführung von Hausbesuchen?
- ⇨ Welche Zielsetzungen sind mit diesem Auftrag verbunden?
- ⇨ Gibt es Alternativen zu diesen rechtlichen Vorgaben?
- ⇨ Akzeptiert Klient*in diese rechtlichen Vorgaben/den Hausbesuch?
- ⇨ Sind Hausbesuche in der Konzeption der fallverantwortlichen Institution grundsätzlich vorgesehen?
- ⇨ Ist dieses konzeptionelle Detail auf den vorliegenden Fall anzuwenden?
- ⇨ Bestehen diagnostische Notwendigkeiten für einen Hausbesuch?
- ⇨ Bestehen beraterische/therapeutische Bedarfe, um „vor Ort“ Interventionen (Begleitung, Übung, Praxistransfer, Gespräche mit anderen Bezugspersonen etc.) durchzuführen?
- ⇨ Erhöht eine aufsuchende Arbeitsweise ggf. die Partizipationsmöglichkeiten der Klient*innen?
- ⇨ Bestehen individuelle Merkmale der Klient*in (Einschränkungen, Vorbehalte etc.), welche einen Hausbesuch begründen?
- ⇨ Bestehen Rahmenbedingungen/Aufgaben der Klient*in (z. B. Beaufsichtigung von Kindern, Pflege, zeitliche und Ablaufprobleme), welche für einen Hausbesuch sprechen?
- ⇨ Bestehen Besonderheiten hinsichtlich der Mobilität (z. B. zu lange Fahrzeiten, ungünstige Verkehrsanbindung, ungünstige Tageszeit, z. B. am Abend)?
- ⇨ Wurde der Wunsch bzgl. aufsuchender Arbeitsweise seitens des/r Klient*in formuliert?
- ⇨ Bestehen Kontrollfunktionen, die nur durch einen Hausbesuch umgesetzt werden können?
- ⇨ Erweist sich die psychosoziale Versorgungsstruktur in der Gemeinde/Region als zu ungünstig, als dass die Institution aufgesucht werden könnte, oder Helfer*innenkonferenzen nur vor Ort durchgeführt werden können?
- ⇨ Gibt es besondere Beziehungsaspekte zw. Fachkraft und Klient*in, welche für einen Hausbesuch sprechen, z. B. Motivationsaspekte, Belohnungs-, Zuwendungs- und Aufmerksamkeitsaspekte?
- ⇨ Bestehen weitere Aspekte. die für einen Hausbesuch sprechen (z. B. mehrere Klient*innen in einem Wohnblock etc.)?
- ⇨ Sprechen Genderaspekte für oder gegen einen Hausbesuch?
- ⇨ Sprechen soziokulturelle Aspekte für oder gegen einen Hausbesuch?

- ⇨ Bestehen weitere Aspekte, die gegen einen Hausbesuch sprechen (emotionale Gründe, z. B. Angst, Unsicherheit aufseiten der Fachkräfte oder der Klient*innen)?
- ⇨ Ist der Hausbesuch unter Budgetaspekten vertretbar?
- ⇨ Ist der Hausbesuch unter Dienstplanaspekten (Aufwand, Personalsituation etc.) vertretbar?
- ⇨ Wie hoch ist der Gesamtaufwand eines Hausbesuchs (Verhältnis Fahrzeit – Besuchsdauer, Verhältnis inhaltlicher Ertrag – Gesamtdauer)?
- ⇨ Ist die Wahrscheinlichkeit, dass ein geplanter/angetretener Hausbesuch tatsächlich erfolgreich durchgeführt werden kann, ausreichend groß (Zuverlässigkeit der Rahmenbedingungen, der/s Klient*in, Einschätzung der Dynamik etc.)?
- ⇨ Weitere Aspekte?

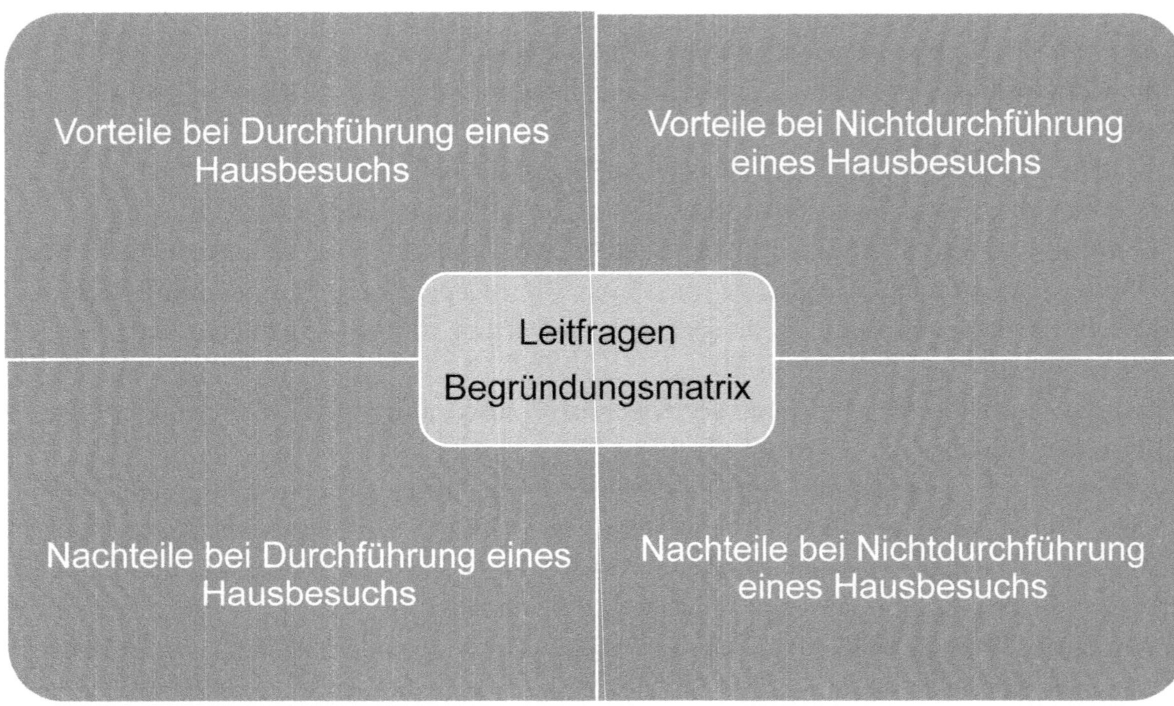

Abbildung 11: *Begründungsmatrix für die Durchführung von Hausbesuchen (eigene Darstellung)*

Aus der Diskussion der Leitfragen zur Begründung aufsuchender Arbeitsweisen und dem Abwägen von Pro und Contra können dann die Entscheidung für konkrete Maßnahmen, in den meisten Fällen auch schon weitergehende Schlüsse bzgl. Dauer und Frequenz abgeleitet werden.

C: Zieldefinition

Hausbesuche als intensive aufsuchende Intervention dienen der Verfolgung oder Umsetzung von fallbezogenen Zielsetzungen. Manche dieser Ziele lassen sich nur in Form von Hausbesuchen (z. B. genaue Feldkenntnis, Beobachtung von Routinen, Verhaltensdiagnostik im natürlichen Lebensumfeld, In-vivo-Übungen) realisieren, andere nur im Verbund von wechselnden Settings (z. B. Gruppenveranstaltungen in einer Beratungsstelle, Nachbesprechung im häuslichen Umfeld). Welche Ziele genau verfolgt werden, hängt von den vereinbarten Bearbeitungsinhalten, den Aufträgen, den Veränderungsaspekten und konkreten Zielqualitäten ab. In der Praxis kommen verschiedene Verfahren und Methoden zum Einsatz, die Zielvereinbarung selbst wird als „Aushandlungsprozess" zwischen Fachkraft und dem/r Klient*in konzeptualisiert. Pauls und Kollege (2013) haben mit der „Zielerreichungsanalyse" ein Modell zur Benennung, Quantifizierung und Veränderungsmessung vorgelegt, an dem sich auch die konkreten Methoden zur Umsetzung einer zielorientierten Arbeit festmachen lassen. Nach der Formulierung von groben Fernzielen werden Teilziele ausgearbeitet, welche prozentual im Verhältnis zu den Grobzielen stehen, die Veränderungsmessung erfolgt zu vereinbarten Zeitpunkten. Welche konkreten Zielbereiche und Ziele im konkreten Fall formuliert werden, hängt von den je spezifischen Fallkonstellationen ab. Um hier, bei der Komplexität von Gegenstandsfeldern, Problemlagen und Fallzusammenhängen, eine Strukturierung zu erreichen, schlägt Heiner (2018) mit der PRO-ZIEL-Basisdiagnostik eine Aufteilung in sieben Funktionsbereiche vor, welche die Ebenen Gesundheit/Befindlichkeit, Familie/Partnerschaft, Ausbildung/Beschäftigung, Einkommen/Finanzen, Unterkunft/Umfeld/Infrastruktur, soziale/kulturelle Integration und die Beziehung Fachkraft/Klient*in erfasst. Die wahrgenommenen und formulierbaren Probleme werden dann in einem gemeinsamen Ratingverfahren jeweils durch den/die Klient*in und Fachkraft hinsichtlich Intensität, Dauer und bisheriger Bewältigungsversuche eingeschätzt, das Rating zu festgelegten Zeitpunkten wiederholt.

Tabelle 5: *Funktionsebenen der PRO-ZIEL-Basisdiagnostik (eigene Darstellung)*

Lebensbereiche/Funktionsebenen	**Beispiele für Zielbereiche**
1. Gesundheit/Befindlichkeit	Körperliche Gesundheit Lebensgefühl, Selbstbild Leistungsfähigkeit Alltagsbewältigung Umgang mit Erkrankung etc.
2. Familie/Partnerschaft	Partnerschaft Elternschaft Beziehung zu den Eltern Beziehung zu Verwandten etc.
3. Ausbildung/Beschäftigung	Schule/Ausbildung Arbeitsmarktchancen Arbeitssituation etc.

4. Einkommen/Finanzen	Arbeitseinkommen Vermögen Transferleistungen Finanzielle Verpflichtungen/Schulden etc.
5. Unterkunft/Umfeld/Infrastruktur	Eigene Wohnung Unterkunft/Einrichtung Wohnumfeld Infrastruktur etc.
6. Soziale/kulturelle Integration	Rechtliche Situation/Legalstatus Nutzung der Infrastruktur Integration im Wohnumfeld Mitgliedschaft/Zugehörigkeit, soziale Kontakte etc.
7. Beziehung Klient*in/Fachkraft	Kooperation Erleben Konflikte, Zwangscharakter etc.

D: Rahmenbedingungen

Die Ebene Rahmenbedingungen ist noch dem Planungsprozess zugeordnet. Wesentliche Aspekte, die auf den Hausbesuch einwirken (werden), können hier erfasst werden. In den wenigen Fällen unangekündigter Hausbesuche sollte auf jeden Fall reflektiert werden, ob diese Maßnahme unbedingt notwendig ist und vertretbare Ergebnisse erzielen wird. Im Arbeitsfeld von Bewährungshilfe und Führungsaufsicht werden mitunter Weisungen durch die zuständige Strafvollstreckungskammer erlassen, welche bestimmen, dass der/die Proband*in „Hausbesuche auch ohne Ankündigung zu erdulden hat" (§ 68 d II StGB). Die Formulierung zeigt den Zwangscharakter und Kontrollanspruch einer solchen Maßnahmenausgestaltung auf, der Ertrag aus der konkreten Umsetzung erscheint oft fraglich. Rein sprachlich lassen sich solche Konstellationen verhindern, wenn darauf hingewiesen wird, dass gelegentlich spontane Besuche denkbar sind, wenn die Fachkraft „in der Nähe ist", ein Anspruch auf die Durchsetzung einer Wohnungsbetretung ist damit keinesfalls gegeben. Generell ist zu reflektieren, in welchem Umfang Klient*innen ein Wahlrecht für oder gegen einen Hausbesuch haben. Hier ist auch wahrzunehmen, dass reaktante Verhaltensoptionen einen breiten Spielraum eröffnen, von „ich habe Sie nicht gehört" bis schlichte Abwesenheit der Personen. Die Anordnung unangemeldeter Hausbesuche (s. o.) bedeutet zudem nicht, dass diese auf jeden Fall umgesetzt werden müssen. Anders verhält es sich in Krisen- und Notsituationen, z. B. bei vermuteten Suizidkonstellationen (siehe Modul 4: Krisen) oder konkreten Gefahrensituationen. Zu den Rahmenbedingungen gehören auch die Festlegung, Planung und Information der notwendigen teilnehmenden Personen. Wird der/die Klient*in alleine aufgesucht oder in Begleitung durch eine weitere Fachkraft (Praktikant*in, Begleitperson aus fachlichen oder Sicherheitsgründen?), werden weitere Akteure (Partner*innen, Eltern, Kinder, andere Fachkräfte etc.) benötigt, z. B.

ein/e Dolmetscher*in? Besteht beim Hausbesuch ausreichend Zeit und Raum, um mit mehreren Personen sprechen zu können? Wer informiert Angehörige und weitere Fachkräfte? Gibt es eine Rückmeldeschleife bzgl. Erreichbarkeit und Terminteilnahme?

Zu den Rahmenbedingungen zählen auch die Planung von Zeitpunkt (Tageszeit, Zeitpunkt im bisherigen Hilfeprozess, Wochentag), Dauer (abhängig von den geplanten Inhalten, Pufferzeiten, Brutto-Zeit inkl. Anfahrt, ggf. Parkplatzsuche, Gehzeiten etc.), Einbettung des Besuchs in den Alltag der besuchten Personen (Stressmomente, Besuch nach dem Arbeitsende, vor Beginn einer Urlaubsreise, nach Rückkehr der Fachkraft aus längerer Abwesenheit etc.). In jedem Fall bedarf die Planung eines Hausbesuchs eine genaue Fallkenntnis des aktuellen Status (z. B. durch Übergabe, Aktenstudium oder als Nachbereitung des letzten direkten Klient*innenkontakts durch die Fachkraft).

E: Vorbereitung/Teilnehmende

Die Ebene Vorbereitung umfasst die instrumentelle Umsetzung der geplanten Maßnahme, d. h. Planung Dienstwageneinsatz/öffentlicher Nahverkehr, schriftliche, telefonische oder mündliche Absprache mit weiteren Akteuren, Rückmeldung von Ergebnissen an alle Beteiligten, Bereitstellung notwendigen Materials, der Maßnahmen und Methoden etc. Besteht ein akuter Handlungsbedarf (Zuspitzung im Fallgeschehen, Krisenintervention) mit Notwendigkeit der direkten Intervention in Form eines Hausbesuchs fallen die Abschnitte Zieldefinition, Rahmenbedingungen und Vorbereitung/Teilnehmende entsprechend kürzer aus (Zeitdruck), was dann jedoch eine genauere Analyse im Bereich Evaluation sowie Dokumentation nach sich zieht.

F: Rollenreflexion – A

Im Übergang von Planung zu Umsetzung ist Raum für eine erste Reflexion, welche die eigene fachliche Rolle, möglicherweise unterschiedliche (sich widersprechende?) Aufträge (Hilfe/Kontrolle), Machtaspekte, Genderaspekte, Datenschutz, Umgang mit Intimität (welche zentral persönlichen Aspekte werden durch den Hausbesuch berührt bzw. sichtbar?), soziokulturelle Zusammenhänge (Kultursensibilität), Konfrontation fachlicher „Normalitätsvorstellung“ mit realer Lebenswelt, Selbstreflexion der Fachkraft (Persönlichkeit, Werte, Normen, Idealvorstellungen) umfassen sollte. Hier ist zu klären, ob solche Reflexionsergebnisse dokumentiert werden sollen bzw. können oder als implizites Wissen den beteiligten Fachkräften zur Verfügung stehen.

G: Beginn

Der Beginn eines Haubesuchs startet nicht an der Haustür durch Drücken der Klingel, sondern eine Stufe früher. Im Rahmen der Anfahrt, des Begehens von Stadtteilen, Gelände, Wohnanlagen werden erste Eindrücke zum sozialen Raum wahrnehmbar, die in die Bewertung der Gesamtkonstellation einfließen. Ob und in welchem Umfang solche Merkmale berücksichtigt werden (sollen), bedarf wiederum der fachlichen Einschätzung und Festlegung. Bereits an der Haustüre treten unterschiedliche Situationen hinsichtlich Zeit/Dauer auf (Wie lange dauert es, bis die Türe geöffnet wird? Längere „Verhandlungen an der Gegensprechanalage", fehlende Namensschilder etc.). Die Eröffnung der ersten Gesprächssequenz hängt stark vom Bekanntheitsgrad der beteiligten Akteure, der Beziehungsqualität und dem Formalitätscharakter des Hausbesuchs ab. Besuchte Klient*innen haben i. d. R. ihre eigene Vorstellung, wie der Hausbesuch gestaltet werden soll. Die Dynamik reicht von Gesprächen im Stehen im Eingangsbereich („Ich wusste gar nicht, dass Sie heute kommen!") bis zu Einladungen zu Kaffee und Kuchen, sozialen Gegebenheiten (z. B. aktuell Kindergeburtstag bei Eintreffen der Fachkraft) bis hin zu „ungewöhnlichen" Reaktionsweisen der Klient*innen (Schweigen, räumliche Distanz, Verlassen der Wohnung, Aufforderung, stehen zu bleiben, sofort wieder zu „verschwinden", Erklärungen, „dass es jetzt nicht passt", Erklärungen, „dass es superschön und endlich soweit ist, dass Sie heute kommen"). Die Gestaltung der Eröffnungsphase von Gesprächen orientiert sich auch hier (wie in allen Gesprächssituationen) an den inhaltlichen Zielsetzungen, der Beziehungsqualität und den äußeren Gegebenheiten (Rogers, 2004) der konkreten Fallkonstellation. Von der positiven Bewältigung der Eröffnungssequenz eines Hausbesuchs hängt oft die Qualität des weiteren Verlaufs ab. Wertschätzung, Achtung, Höflichkeit, Flexibilität etc. der Fachkraft wirken gerade in den ersten Momenten eines Besuchs unmittelbar auf Motivation, Kooperationsbereitschaft und Compliance der Besuchten ein (Gerull, 2014, S. 84f.). In die Eröffnungssequenz fallen auch wichtige diagnostische Elemente (erster Eindruck der Räume, der Skills, der Grundmotivation etc.) und möglicherweise die Konfrontation mit anderen – nicht geplanten – Anwesenden. Hier besteht die Entscheidungsnotwendigkeit bzgl. erster Interventionen: Soll/Kann die zusätzlich anwesende Person bleiben und „dabei sein" bzw. wird dies gar gewünscht oder ist dies aus inhaltlichen Gründen nicht sinnvoll (und wie wird das artikuliert).

H: Aktivitäten

Die konkreten Schritte, Maßnahmen und Aktivitäten während eines Hausbesuchs hängen stark von den vereinbarten Inhalten und Zielsetzungen ab. Konkrete Maßnahmen und Methoden wurden im Vorfeld, im Rahmen der Planung des Besuchs festgelegt (siehe Modul 6: Methoden und Intervention). Die Gestaltung der Gesamtsituation orientiert sich an den Achsen Beziehung, Zeit, Inhalte, Zielfokussierung/-erreichung, Dynamik und Überleitung in die Beendigungsphase. Aus der Eröffnungssequenz heraus bestehen meist Übergangs- und Schnittstellen zu Beratungssequenzen, psychoedukativen Elementen, Reflexionssequenzen oder Besichtigungseinheiten („Ich zeige Ihnen mal die Wohnung und gerne auch den Keller."). Die Besonderheit des Settings „Hausbesuch" eröffnet Beratungstechniken und -verläufe, die sich aus der Sicherheit des persönlichen Raumes (der/die Klient*in ist bei sich zu Hause) und den meist größeren Zeitressourcen ergeben. Oftmals ergeben sich so Anknüpfungspunkte für die weitere Fallarbeit, ein inhaltlicher „Quantensprung", der durch „konventionelle" Gesprächsangebote in der Dienstelle nicht/nicht so schnell möglich wäre. Manchmal besteht die Notwendigkeit (oder Möglichkeit), direkt aus dem Hausbesuch heraus Kontakte zu anderen Institutionen und Behörden aufzunehmen. Aktivitäten mit maximaler Interventionswirkung sind Kontrollmaßnahmen (z. B. Abnahme von Drogenscreenings) und Zwangsmaßnahmen, wie z. B. die Inobhutnahme eines Kindes (bei Gefährdung des Kindeswohls). Der Umgang mit solchen Situationen erfordert hohe kommunikative Fähigkeiten, Handlungsdynamik, Vermittlungsgeschick und Handlungssicherheit. Die einzelnen Schritte und die daraus resultierenden Konsequenzen müssen fortlaufend kommuniziert werden. Auf jeden Fall sollten solche Maßnahmen immer in Anwesenheit einer weiteren Fachkraft/Begleitung (Zeugenfunktion) durchgeführt werden.

I: Beendigung

Die Beendigungsphase eines Hausbesuchs ist an den Parametern Zeit (Ablauf der geplanten Dauer, Rahmenbedingungen, Anschlusstermine) und Zielerreichung (gemeinsame Einschätzung zum Besuchs- und Gesprächsverlauf, was wurde erreicht, was bleibt offen) orientiert. Damit bietet die Beendigung eines Hausbesuchs einen Einstieg in den Evaluationsbereich (siehe Modul 7: Beendigung und Evaluation), indem der Besuch als solcher, die behandelten Inhalte, die durchgeführten Aktivitäten besprochen und ggf. überblicksartig bewertet werden. Die Gestaltung der Abschiedssequenz orientiert sich wiederum an der Beziehungsqualität und den Rahmenbedingungen, kann Wertschätzung, (positive) Rückmeldung, Ermunterung, Vereinbarungen und der Dynamik der Situation angemessene Kommunikation („Wir sehen uns dann ja bald bei mir im Büro!“, „Viel Glück bei dem Treffen mit Ihrem Vater!“, „Wenn etwas passiert, können Sie mich gerne anrufen!“ Etc.) beinhalten. Die Beendigung erfolgt formell auf den Ebenen „vereinbartes einvernehmliches Ende“, „einseitige Beendigung durch die Fachkraft“ und „einseitige Beendigung durch den/die Klient*in“. Bei einseitigen – vorgezogenen – Beendigungen handelt es sich meist um Zuspitzungen, dynamische Entwicklungen mit deutlicher Anspannung auf der inhaltlichen und/oder Beziehungsebene, was die Planung weiterer Schritte nach sich zieht (Obert et al., 2018, S. 88f.). Ebenfalls sind in der Beendigungsphase Absprachen für weitere Treffen, das weitere Vorgehen, Aktivitäten des/r Klient*in oder der Fachkraft verortet. Diagnostisch ergeben sich in der Beendigungsphase oft Hinweise zum Selbst(wirksamkeits)erleben und der Motivationslage der Klient*innen („Das nehme ich mir fest vor!“ vs. „Mal schauen!“).

J: Rollenreflexion – B

Möglichst unmittelbar an den (beendeten) Hausbesuch schließt dessen Reflexion an. Diese kann als gedankliche Beschäftigung („im Weggehen“) oder im Übergang zu Abschnitt K erfolgen. Leitfragen für eine solche gedankliche Analyse sind die Ebenen Fachkraft selbst (Haltung, Verhalten während des Hausbesuchs, Orientierung am Leitbild, an der Konzeption, Flexibilität und Sensibilität, Zielorientiertheit, Machtreflexion, Methodenanalyse etc.), Setting (Störungen, Entwicklung der Begegnung, Gesprächs- und Beziehungsanalyse, Übergänge zwischen den einzelnen Sequenzen, Gestaltung und Verlauf der Phasen Begrüßung, Besuch, Beendigung) und mögliche bzw. erlebte Konflikte (Meinungsverschiedenheit zwischen Fachkraft und dem/r Klient*in, deren Lösung bzw. Nicht-Lösung, Zeitkonflikte, Diskrepanzen bzgl. Aufgabe und Ressourcen bei Fachkraft und/oder Klient*in). Besondere Schwerpunktaspekte sollten für eine spätere Reflexion (Supervision/Intervision) dokumentiert werden. Ein besonderes Augenmerk ist bei Konfliktbesuchen und Interventionen mit starkem Kontrollauftrag auf den Aspekt Sicherheit (des Settings, bedrohliche Potenziale des/r Klient*in etc.) zu richten, um hier Konsequenzen für die weitere Kontaktgestaltung (weitere Hausbesuche? Hinzuziehen zusätzlicher Fachkraft? Verlagerung in Komm-Struktur? Sonderbericht? Etc.) zu ziehen.

K: Dokumentation

Was nicht dokumentiert wurde, gilt als nicht gemacht. Dieser Grundsatz aus dem Qualitätsmanagement (Breit, 2015) gilt insbesondere für alle Aktivitäten im aufsuchenden Setting, da die Dynamik der Situation die einzelnen Inhalte schnell verblassen oder vergessen lässt. Eine Grundsatzfrage (die vor der Durchführung der Hausbesuchs zu klären ist) besteht darin, welche Dokumentationsanteile den Klient*innen zur Verfügung stehen. Zielvereinbarungen, durchgeführte Leistungen, wichtige diagnostische Aspekte gehören auf jeden Fall dazu. Alle Erkenntnisse aus aufsuchenden Maßnahmen finden Eingang in die Gesamt-Fallarbeit, werden entsprechend zugeordnet, und die weitere Maßnahmenplanung erfolgt immer auch unter der Fragestellung, welche Inhalte wo (also z. B. im Rahmen weiterer Hausbesuche?) durchgeführt werden und welche Ortswahl und Interventionsart die günstigsten Effekte für die weitere Fallarbeit erwarten lassen. Formale Aspekte jeder Dokumentation sind Nachvollziehbarkeit (der Inhalte, der Aktivitäten), Begründung (Zielorientierung), Abrechnung (Fachkraft/Zeit/Nebenleistungen) und fachliche Entwicklung (Konzeptentwicklung, Supervision etc.). Für den übergeordneten Zweck der (Praxis-)Forschung stellen Dokumentationsinhalte eine wertvolle Quelle dar, z. B. in Form von Besuchsprotokollen, Verlaufsanalysen, Zielerreichungseinschätzungen etc.

L: Evaluation

Die Auswertung und Bewertung von aufsuchenden Interventionen erfolgt aufgesplittet nach den einzelnen inhaltlichen Ebenen und Funktionsbereichen (s. o. zu PRO-ZIEL oder im Modul 5: Diagnostik). Die Besonderheit bei der interventions- bzw. gegenstandsbezogenen Evaluation (Programmevaluation) besteht darin, dass die erreichten Effekte in Bezug zur konkreten Maßnahme gesetzt werden. Bspw. können sich Module der Psychoedukation (z. B. Umgang mit Suchtdruck oder mit Schlafstörungen im Kontext einer Psychoseerkrankung) im Gruppensetting einer Beratungsstelle als weitgehend wirkungslos erweisen (bei fehlendem Bezug zum realen Lebensort), als Themeneinheit in der realen Lebenswelt jedoch deutliche Wirkeffekte entfalten, weil die Übertragbarkeit auf das konkrete Setting leichter fällt. Neben solchen Evaluationsinhalten richtet sich die Analyse weiter auf das angewendete Methodenspektrum (immer mit der Frage der Angemessenheit und ggf. des Änderungsbedarfs) sowie die Rollenanteile der Beteiligten (siehe Modul 7: Beendigung und Evaluation).

M: Weitere Planung

Beendigung und Auswertung kennzeichnen den Übergang der Phasen Durchführung und Nachbereitung. Die Analyse der Zielerreichung und der Maßnahmen-/Programm- und Methodenevaluation bildet die Grundlage für die weitere Fallplanung, z. B. für die Formulierung weiterer oder neuer Ziele, die Korrektur zuvor vereinbarter Inhalte und Perspektiven oder den Methodeneinsatz. Zur Differenzierung der Verlaufsauswertung erfolgt hier auch die Einschätzung von Erfolg und Misserfolg, was als psychosoziales Element einen kognitiv-emotionalen Bewertungsprozess seitens der Klient*innen darstellt. Menschen in Multiproblemlagen erleben ihre Lebenssituation oft insgesamt wenig veränderbar („Das hat doch alles keinen Sinn!“). Die Darstellung von erreichten Teilzielen mit der daraus möglichen Ableitung weiterer Schritte vermittelt Wirksamkeits- und Erfolgsprozesse und eine wenigstens teilweise positive Fallgestaltung, die sich eben auch in neuen Planungsschritten abzeichnet (motivationaler Aspekt).

N: Supervision/Intervision

Die sich aus den beiden Reflexionsschleifen (F und J) ergebenden Themen, Konflikte, Widersprüche, Entwicklungschancen und -potenziale bedürfen der Vertiefung in Intervision und Supervision. Hausbesuche bieten eine Vielzahl an Themen, welche, im konkreten Fallbezug erhoben, oft weit über den Einzelfall hinausweisen. So können Diskrepanzprobleme (Aufwand – Personalsituation, Auftrag, Macht), Selbsthilfeanteile der Klient*innen, Settingaspekte etc. gut auf allgemeinere Strukturen und Abläufe übertragen werden und so kann z. B. die konzeptuelle Ausrichtung einer Institution weiterentwickelt werden.

Die Situation des Hausbesuchs stellt eine komplexe Intervention dar, sie erfordert das persönliche und fachliche Sich-Einlassen auf das private Umfeld der Klient*innen und bedeutet oft die Konfrontation mit Unvorhersehbarem und Ungewöhnlichem. Die Vielzahl der Situationen und Aspekte erfordert ein strukturiertes Handlungsmodell, das ausreichend Spielraum für die dynamische Anpassung und Ausgestaltung ermöglicht, dabei in allen Phasen aufsuchender Arbeit ausreichend Struktur und Orientierung gibt. Das Allgemeine Handlungsmodell Hausbesuche bietet eine solche Grundlage für das praktische Handeln und für die erforderlichen Reflexionsprozesse.

Perspektiven

Hausbesuche erfüllen eine Vielzahl von Aufgaben und Funktionen, sie stellen in der Sozialen Arbeit einen wichtigen Zugang zum Verstehen von Problemstrukturen und Ressourcenpotenzialen dar und bieten zahlreiche Chancen für die Beziehungsarbeit zwischen Fachkraft und Klient*in. Für die letzten zehn Jahre ist eine Belebung im publizistischen Bereich auszumachen, wobei es sich meist um handlungsfeldbezogene Sachbücher (z. B. Urban-Stahl et al., 2018; Müller et al., 2011) handelt. Eine Ausnahme stellt Gerull (2014) dar, die mit ihrer arbeitsfeldübergreifenden empirischen Studie zu Hausbesuchen in der Sozialen Arbeit erste Empfehlungen an eine systematische Durchführung von Hausbesuchen bietet (und für die vorliegende Publikation eine wichtige Referenzquelle darstellt). Die Beschäftigung mit aufsuchenden Methoden und Verfahren hat allerdings bislang kaum Einzug in den Ausbildungskanon der Hochschulen oder in den Bereich der fachlichen Fortbildung gefunden. Solche Aus- und Fortbildungsangebote müssen dringend etabliert werden, um fachliche Standards zu sichern und arbeitsfeldübergreifende Prinzipien und Verfahren, also die Qualität sozialer Dienstleistungen, auszubauen. Die Inhalte solcher Qualifizierungsangebote sollten dabei nicht ausschließlich fallbezogen und problemzentriert, sondern als Querschnittsthema aufgegriffen werden, um der Vielzahl und Unterschiedlichkeit von Anforderungen, Situationen und Problemkonstellationen gerecht zu werden.

Spätestens mit der sog. Corona-Krise haben digitale Kommunikationsformen Eingang in den Bereich aufsuchender Sozialer Arbeit gefunden. Zoom-Gespräche, Videotelefonie und Skype-Sitzungen treffen mitten in den Alltag der Klient*innen, die solche Angebote meist von zu Hause aus nutzen. Damit wird deren unmittelbare Lebenswelt, deren Wohnsituation im fachlichen Kontext sichtbar, findet ein „digitaler Hausbesuch“ als besondere Form aufsuchender Arbeit statt. Die formalen, fachlichen und technologischen Anforderungen an solche digitalisierten Begegnungsformen sind erheblich, v. a. wenn es neben der Aufrechterhaltung der Beratungsbeziehung auch um Fragen der Falleinschätzung, der Risikobewertung und der Ressourcenaktivierung geht. Die Urteilsbildung und Entscheidungsfindung (Freres et al., 2021), z. B. von ASD-Fachkräften in der COVID-19-Krise, hängt – auch hier – stark von methodischen Fähigkeiten, Reflexionsfähigkeit und prognostischen Zugängen ab, die im digitalen Kontext mehrfach gebrochen und gefiltert werden, was den sicheren Umgang mit den Basisvariablen aufsuchender Arbeit wie auch den Besonderheiten der digitalen Form des Hausbesuchs voraussetzt. Diese Entwicklungen zeigen, dass das Thema „digitale-virtuelle Hausbesuche“ zum Gegenstand von Fortbildungen für Fachkräfte werden muss.

Literatur

A

Ach, J. (2009). *Nichtschaden, Fürsorge, Selbstbestimmung und Gerechtigkeit. Projekt: zellux.net – Stammzellen im Schlaglicht von Forschung, Medizin, Kirche, Ethik und Recht.* Münster: Westfälische Wilhelms-Universität. Verfügbar unter: https://zellux.net/m.php?sid=197 [3.7.2022].

Albrecht, M., Lattwein, S. & Urban-Stahl, U. (2016). Der Hausbesuch im Kontext des Schutzauftrags bei Kindeswohlgefährdung. *Neue Praxis. Zeitschrift für Sozialarbeit, Sozialpädagogik und Sozialpolitik, 16* (2), 107–124.

Ambulanter Justizsozialdienst Niedersachsen (2022). *Führungsaufsicht im AJSD.* Verfügbar unter: https://ajsd.niedersachsen.de/wir_ueber_uns/unsere_aufgaben/fuehrungsaufsicht-im-ajsd-96884.html [15.8.2022].

Amthor, R.-C. (2012). *Einführung in die Berufsgeschichte der Sozialen Arbeit.* Weinheim & Basel: Beltz Juventa.

Amthor, R.-C. (2021). Handlungskonzepte. In R.-C. Amthor, B. Goldberg, P. Hansbauer, B. Landes & T. Wintergerst (Hrsg.), *Kreft/Mielenz Wörterbuch Soziale Arbeit.* (9. Aufl., S. 406–413). Weinheim & Basel: Beltz Juventa.

Amthor, R.-C., Goldberg, B., Hansbauer, P., Landes, B. & Wintergerst, T. (Hrsg.). (2021), *Kreft/Mielenz Wörterbuch Soziale Arbeit.* Weinheim & Basel: Beltz Juventa.

B

Banger, M., Wellnitz, M. & Gastpar, M. (2004): Der Hausbesuch im Kontext der aufsuchenden Sozialarbeit einer psychiatrischen Institutsambulanz. *Psychiatrische Praxis,* (4), 198–202.

Bartmann, U. (2007). *Verhaltensmodifikation als Methode der Sozialen Arbeit. Ein Leitfaden* (2., überarb. und erw. Aufl.). Tübingen: dgvt-Verlag.

Bartmann, U. (2013). *Verhaltensmodifikation als Methode der Sozialen Arbeit. Ein Leitfaden* (4. Aufl.). Tübingen: dgvt-Verlag.

Bayerisches Landesjugendamt (2022). *Sozialpädagogische Familienhilfe.* Verfügbar unter: https://www.blja.bayern.de/hilfen/erziehung/familienhilfe/index.php [15.8.2022].

Bayerisches Staatsministerium für Gesundheit und Pflege und Bayerisches Staatsministerium für Arbeit, Familie und Soziales (2022). *Verwaltungsvorschriften Bayerisches Psychisch-Kranken-Hilfe-Gesetz.* München: StMGP und StMAS.

Beauchamp, T. L. (2021). Der Vier-Prinzipien-Ansatz in der Medizinethik. In N. Biller-Andorno, S. Monteverde, T. Krones & T. Eichinger (Hrsg.), *Medizinethik* (S. 71–89). Wiesbaden: Springer.

Beauchamp, T. L. & Childress, J. F. (1979). *Principles of Biomedical Ethics.* New York: Oxford University Press.

Beauchamp, T. L. & Childress, J. F. (2019). *Principles of Biomedical Ethics* (8. Aufl.). New York: Oxford University Press.

Becker, J. (2017). Die Arbeit des aufsuchenden Fachdienstes am Beispiel des Betreuten Wohnens in Familien. In M. Rosemann & M. Konrad (Hrsg.), *Selbstbestimmtes Wohnen. Mobile Unterstützung bei der Lebensführung* (2. Aufl., S. 78–87). Köln: Psychiatrie-Verlag.

Becker, P. (1992). Die Bedeutung integrativer Modelle von Gesundheit und Krankheit für die Prävention und Gesundheitsförderung. Anforderungen an allgemeine Modelle von Gesundheit und Krankheit. In P. Paulus (Hrsg.), *Prävention und Gesundheitsförderung. Perspektiven für die psychosoziale Praxis* (S. 91–107). Köln: GWG.

Becker, P. (1997). *Psychologie der seelischen Gesundheit Band 1* (2. Aufl.). Göttingen: Hogrefe.

Belardi, N. (2018). *Supervision und Coaching: Grundlagen, Techniken, Perspektiven.* München: C. H. Beck.

Bezirk Unterfranken (2021). *Richtlinie des Bezirks Unterfranken für die Errichtung und Finanzierung von Ambulant Betreutem Wohnen für Menschen mit seelischer Behinderung.* Würzburg: Bezirk Unterfranken Sozialverwaltung.

Blanz, M., Como-Zipfel, F. & Schermer, F. (Hrsg.). (2013). *Verhaltensorientierte Soziale Arbeit. Grundlagen, Methoden, Handlungsfelder.* Stuttgart: Kohlhammer.

Blanz, M. & Schermer, F. (2013). Methoden der Verhaltensorientierten Sozialen Arbeit. In M. Blanz, F. Como-Zipfel & F. Schermer (Hrsg.), *Verhaltensorientierte Soziale Arbeit. Grundlagen, Methoden, Handlungsfelder* (S. 63–102). Stuttgart: Kohlhammer.

BMI (2015). *Soziale Stadt – Programm zur Städtebauförderung für benachteiligte Stadt- und Ortsteile.* Verfügbar unter: https://www.bmi.bund.de/SharedDocs/downloads/DE/-publikationen/themen/bauen/wohnen/soziale-stadt-flyer.html [15.09.2022].

Böhnisch, L. (1994). *Gespaltene Normalität. Lebensbewältigung und Sozialpädagogik an den Grenzen der Wohlfahrtsgesellschaft.* Weinheim & München: Juventa.

Böhnisch, L. (2008). *Sozialpädagogik der Lebensalter. Eine Einführung* (5., überarb. Aufl.). Weinheim: Juventa.

Böhnisch, L. (2019). *Lebensbewältigung. Ein Konzept für die Soziale Arbeit* (2. Aufl.). Weinheim: Beltz Juventa.

Borg-Laufs, M. (2020). *Die funktionale Verhaltensanalyse. Ein praktischer Leitfaden für Psychotherapie, Soziale Arbeit und Beratung.* Wiesbaden: Springer.

Brack, R. & Geiser, K. (Hrsg.). (2009). *Aktenführung in der Sozialarbeit. Vorschläge für die klientenbezogene Dokumentation als Beitrag zur Qualitätssicherung* (4. Aufl.). Bern: Haupt.

Bräutigam, B., Große, L. & Müller, M. (2022). Hausbesuche und aufsuchende Hilfen im Kontext der qualifizierten Assistenz. In K. Giertz, L. Große & D. Röh (Hrsg.), *Soziale Teilhabe professionell fördern. Grundlagen und Methoden der qualifizierten Assistenz* (S. 214–224). Köln: Psychiatrie-Verlag.

Breit, H. (2015). *„Was nicht dokumentiert wurde, gilt als nicht gemacht." Oder: Die Dokumentationspflicht der Unternehmensführung im Einklang mit gesetzlichen Anforderungen und Änderungen in der Informationsablage.* Verfügbar unter: https://www2.deloitte.com/at/de/seiten/press-release/dokumentationspflicht-der-unternehmensfuehrung.html [04.08.2022].

Buttner, P. (2014). Diagnose und Kritik. In S. Gahleitner, G. Hahn & R. Glemser (Hrsg.), *Psychosoziale Diagnostik* (2. Aufl., S. 35–48). Köln: Psychiatrie-Verlag.

C

Campbell, J. T. & Märtens, M. (2011). Wer mag Hausbesuche (nicht)? Warum man manche Klienten lieber nicht besuchen sollte, andere aber schon: Eine Untersuchung mit SGB-II-Leistungsempfängern. In M. Müller & B. Bräutigam (Hrsg.), *Hilfe, sie kommen! Systemische Arbeitsweisen im aufsuchenden Kontext* (S. 146–156). Heidelberg: Carl Auer.

Childress, J. F. (2021). Der Vier-Prinzipien-Ansatz in der Medizinethik. In N. Biller-Andorno, S. Monteverde, T. Krones & T. Eichinger (Hrsg.), *Medizinethik* (S. 71–89). Wiesbaden: Springer.

Como-Zipfel, F. (2013). Wissenschaftshistorische und berufsethische Grundlagen der Verhaltensorientierten Sozialen Arbeit. In M. Blanz, F. Como-Zipfel & F. J. Schermer (Hrsg.), *Verhaltensorientierte Soziale Arbeit. Grundlagen, Methoden, Handlungsfelder* (S. 13–33). Stuttgart: Kohlhammer.

Como-Zipfel, F., Kohlfürst, I. & Kulke, D. (2019). *Welche Bedeutung hat Ethik in der Sozialen Arbeit?* Berlin & Freiburg: Deutscher Verein für öffentliche und private Fürsorge e.V. & Lambertus.

Como-Zipfel, F. & Lanig, S. (2022). *Verhaltensorientierte Supervision für soziale und pädagogische Berufe. Einführung und Leitfaden.* Wiesbaden: Springer.

D

Deutscher Berufsverband Soziale Arbeit (2014). *Berufsethik des DBSH. Ethik und Werte.* Berlin: DBSH.

Deutscher Verein für öffentliche und private Fürsorge e. V. (Hrsg.). (2022). *Fachlexikon der Sozialen Arbeit* (9. Aufl.). Baden-Baden: Nomos.

Dorfman, R. A. (1996). *Clinical Social Work. Definition, Practice and Vision.* New York: Brunner & Mazel.

E

Engelke, E., Spatschek, C. & Borrmann, S. (2009). *Die Wissenschaft Soziale Arbeit* (3. Aufl.). Freiburg: Lambertus.

Engels, D. (2006). Lebenslagen und soziale Exklusion. *Sozialer Fortschritt, 55* (5), 109–117.

Eyal, N. (2011). Informed Consent. In *Standford Encyclopdia of Philosophy.* Verfügbar unter: https://plato.stanford.edu/entries/informed-consent/. [16.7.2022].

F

Fischer, C. (2021a). Krisenintervention in der Psychotherapie. In M. Frey & C. Fischer (Hrsg.), *Praxishandbuch Psychiatrische Krisenintervention. Erste Hilfe bei psychischen Krisen aus interdisziplinärer Sicht* (S. 16–22). München: Elsevier.

Fischer, C. (2021b). Worauf muss man wachsam sein? – nach innen. In M. Frey & C. Fischer (Hrsg.), *Praxishandbuch Psychiatrische Krisenintervention. Erste Hilfe bei psychischen Krisen aus interdisziplinärer Sicht* (S. 239–244). München: Elsevier.

Fischer, C., Frey, M., Hofmann, J. & Schäfer, I. (2021). Was begegnet mir? Erscheinungsformen psychiatrischer Krisen. In M. Frey & C. Fischer (Hrsg.), *Praxishandbuch Psychiatrische Krisenintervention. Erste Hilfe bei psychischen Krisen aus interdisziplinärer Sicht* (S. 59–138). München: Elsevier.

Freie und Hansestadt Hamburg, Behörde für Soziales, Familie, Gesundheit und Verbraucherschutz (Hrsg.). (2008). *Leitfaden für Hausbesuche und Krisenintervention.* Hamburg: Behörde für Soziales, Familie, Gesundheit und Verbraucherschutz.

Freres, K., Benoit, M., Posmek, J., Benkel, C., Grüßert, N. & Bastian, P. (2021), Urteilsbildung und Entscheidungsfindung von ASD-Fachkräften in der COVID-19-Krise. *Soziale Passagen, 13* (2), 171–176.

Frey, M. & Fischer, C. (Hrsg.). (2021). *Praxishandbuch Psychiatrische Krisenintervention. Erste Hilfe bei psychischen Krisen aus interdisziplinärer Sicht.* München: Elsevier.

G

Gahleitner, S., Hahn, G. & Glemser, R. (Hrsg.). (2014). *Psychosoziale Diagnostik* (2. Aufl.). Köln: Psychiatrie-Verlag.

Galuske, M. (2013). *Methoden der Sozialen Arbeit: Eine Einführung* (10. Aufl.). Weinheim: Beltz Juventa.

Geiser, K. (2009). Klientenbezogene Aktenführung und Dokumentation in der Sozialarbeit. In R. Brack & K. Geiser (Hrsg.), *Aktenführung in der Sozialarbeit. Vorschläge für die klientenbezogene Dokumentation als Beitrag zur Qualitätssicherung* (4. Aufl., S. 25–48). Bern: Haupt.

Geißler, K. A. & Hege, M. (1978). *Konzepte Sozialpädagogischen Handelns. Ein Leitfaden für soziale Berufe.* München: Urban & Schwarzenberg.

Geißler, K. A. & Hege, M. (2007). *Konzepte Sozialpädagogischen Handelns. Ein Leitfaden für soziale Berufe.* Weinheim: Beltz Juventa.

Gerull, S. (2014). *Hausbesuche in der Sozialen Arbeit. Eine arbeitsfeldübergreifende empirische Studie.* Opladen u. a.: Verlag Barbara Budrich.

Giertz, K., Große, L. & Röh, D. (Hrsg.). (2022). *Soziale Teilhabe professionell fördern. Grundlagen und Methoden der qualifizierten Assistenz.* Köln: Psychiatrie-Verlag.

Goldiamond, I. (1974). Toward a constructional approach to social problems: ethical and constitutional issues raised by applied behavior analysis. *Behaviorism, 2* (1), 1–84.

Gromann, P. (2010). *Koordinierende Prozessbegleitung in der Sozialen Arbeit.* München: Ernst Reinhardt.

Grunwald, K. & Thiersch, H. (Hrsg.). (2016). *Praxishandbuch Lebensweltorientierte Soziale Arbeit. Handlungszusammenhänge und Methoden in unterschiedlichen Arbeitsfeldern* (3. Aufl.). Weinheim und Basel: Beltz Juventa.

Gut, A. (2022). Aufsuchende Soziale Arbeit. In Deutscher Verein für öffentliche und private Fürsorge e. V. (Hrsg.), *Fachlexikon der Sozialen Arbeit* (S. 70f.). Baden-Baden: Nomos.

H

Hahn, G. & Hüttemann, M. (2015). *Evaluation psychosozialer Interventionen. Klinische Sozialarbeit, Bd. 7.* Köln: Psychiatrie-Verlag.

Harnach-Beck, V. (1995). *Psychosoziale Diagnostik in der Jugendhilfe. Grundlagen und Methoden für Hilfeplan. Bericht und Stellungnahme.* Weinheim: Juventa.

Hautzinger, M. (2013). *Kognitive Verhaltenstherapie bei Depressionen* (7., vollständig überarb. und erw. Aufl.). Weinheim: Beltz.

Haynes, S. N. & O'Brien, W. H. (2000). *Principles an pratice of behavioral assessment.* New York: Kluwer.

Heiner, M. (2014). Bausteine einer diagnostischen Grundausstattung für die Soziale Arbeit. In S. Gahleitner, G. Hahn & R. Glemser (Hrsg.), *Psychosoziale Diagnostik* (2. Aufl., S. 135–153). Köln: Psychiatrie-Verlag.

Heiner, M. (2018). Diagnostik in der Sozialen Arbeit. In H.-U. Otto, H. Thiersch, R. Treptow & H. Ziegler (Hrsg.), *Handbuch Soziale Arbeit* (6., überarb. Aufl., S. 242–255). München: Ernst Reinhardt.

Heiner, M. (2018). PRO-ZIEL-Basisdiagnostik. In P. Buttner, S. B. Gahleitner, U. Hochuli Freund

& D. Röh (Hrsg.), *Handbuch Soziale Diagnostik. Perspektiven und Konzepte für die Soziale Arbeit* (S. 296–303). Berlin: Deutscher Verein für öffentliche und private Fürsorge e. V.

Henecka, H. (2006). *Grundkurs Soziologie* (8., überarb. Aufl.). Konstanz: UVK.

Henes, H. & Trede, W. (Hrsg.). (2018). *Dokumentation pädagogischer Arbeit. Grundlagen und Methoden für die Praxis der Erziehungshilfen* (2. Aufl.). Frankfurt am Main: IGFH.

Hepworth, D., Rooney, R. & Larsen, J. A. (1997). *Direct social work practice. Theory and skills* (5. ed.). Pacific Grove: Brooks & Cole.

Höffe, O. (2013). *Ethik. Eine Einführung*. München: C. H. Beck.

I

Internationale Ärzt*innen für die Verhütung des Atomkrieges/Ärzt*innen in sozialer Verantwortung e. V. (IPPNW) (1997). *Der Nürnberger Kodex 20. August 1997*. Verfügbar unter: http://www.ippnw-nuernberg.de/aktivitaet2_3.html [28.6.2022].

J

Jordan, W., Heinemann, A. & Marx, A. (2016). *Notfallpsychiatrie und psychotherapeutische Krisenintervention*. Stuttgart: Thieme.

K

Kadushin, A. & Harkness, D. (2014). *Supervision in Social Work* (5. Aufl.). New York: Columbia University Press.

Kaminsky, C. (2008). Soziale Arbeit am Limit – Über konzeptionelle Begrenzungen einer Profession. Verfügbar unter: http://www.berufskongress-sozialearbeit.de/fileadmin/downloads/Soz_Arb_am_Limit_Vortrag_erweitert.pdf [28.6.2022].

Kaminsky, C. (2017). Ethik in der Sozialen Arbeit. In J. Bischkopf, D. Deimel, C. Walther & R. Zimmermann (Hrsg.), *Soziale Arbeit in der Psychiatrie* (S. 158–174). Köln: Psychiatrie-Verlag.

Kaminsky, C. (2021). Digitale Transformation Sozialer Arbeit? – Ethische Orientierungen auf neuem Terrain. *Ethik Journal* (2). Verfügbar unter: https://www.ethikjournal.de/fileadmin/user_upload/ethikjournal/Texte_Ausgabe_2021_2/Kaminsky_Ethikjournal_2.2021.pdf [4.7.2022].

Kanfer, F. & Saslow, G. (1965). Behavioral Analysis. *Archives of General Psychiatry,* (12), 529–538.

Kanfer, F., Reinecker, H. & Schmelzer, D. (2012). *Selbstmanagement-Therapie. Ein Lehrbuch für die klinische Praxis* (5., korrigierte und durchgesehene Aufl.). Berlin & Heidelberg: Springer.

Kaufmann, F. & Plate, K. (2000). Der Hausbesuch zur Überprüfung der örtlichen Verhältnisse zur Mitwirkung des Jugendamtes in Verfahren vor dem Familiengericht zur Regelung der elterlichen Sorge bei Trennung und Scheidung. *Kindschaftsrechtliche Praxis,* (4), 113–116.

Kaufmann, F. (2011). Der unangemeldete Hausbesuch von Fachkräften der Jugendämter in Pflegefamilien. *Zeitschrift für Kindschaftsrecht und Jugendhilfe,* (6), 198–200.

Kohaupt, G. (2006). *Der Schutzauftrag der Jugendhilfe nach § 8a KJHG*. Berlin: Kinderschutzzentrum Berlin.

Kraus, B. & Krieger, W. (2016). *Macht in der Sozialen Arbeit. Interaktionsverhältnisse zwischen Kontrolle, Partizipation und Freisetzung* (4. Aufl.). Lage: Jacobs.

Kunz, S., Scheuermann, U. & Schürrmann, I. (2009). *Krisenintervention. Ein fallorientiertes Arbeitsbuch für Praxis und Weiterbildung*. Weinheim: Beltz Juventa.

L

Landesverband Sozialpsychiatrie Mecklenburg-Vorpommern (2022). *Qualifizierte Assistenz.* Verfügbar unter: https://sozialpsychiatrie-mv.de/forum-bthg-umsetzung/qualifizierte-assistenz/ [16.8.2022].

Landratsamt Würzburg Jugendamt (o. J.). *KoKi-Netzwerk frühe Kindheit.* Verfügbar unter: https://www.landkreis-wuerzburg.de/KoKi# [3.3.2022].

Landschaftsverband Westfalen-Lippe (2022). *Qualifizierte Assistenz.* Verfügbar unter: https://www.lwl-inklusionsamt-soziale-teilhabe.de/de/informationen-furfachleute/landesrahmenvertraege/landesrahmenvertrag-131-sgb-ix/qualifizierte-assistenz/#:~:text=Die%20Qualifizierte%20Assistenz%20ist%20eine,des%20individuellen%20Teilhabe%2D%2FGesamtplans [16.8.2022].

Lieb, K., Frauenknecht, S. & Brunnhuber, S. (2008). *Intensivkurs Psychiatrie und Psychotherapie* (6. Aufl.) München: Elsevier, Urban & Fischer.

Lutz-Bachmann, M. (2013). *Ethik.* Stuttgart: Reclam.

LWL-Landesjugendamt Westfalen (2014). *Arbeitshilfe zur Pflegekinderhilfe gemäß §33 SGB VIII* (3., überarb. Aufl.). Münster: Landesjugendamt Westfalen.

M

Martinez, H. (2021). *Praxisbuch Motivierende und sinnorientierte Beratung in der Wohnungslosenhilfe.* Weinheim & Basel: Beltz Juventa.

McGoldrick, M. & Gerson, R. (1985). *Genograms in family Assessment.* New York: Norton.

Merchel, J. (2010). *Evaluation in der Sozialen Arbeit (UTB).* München: Ernst Reinhardt.

Merchel, J. (2018). Pädagogische Dokumentation zwischen Etikettierung und Ausweis fachlichen Handelns. In H. Henes & W. Trede (Hrsg.), *Dokumentation pädagogischer Arbeit. Grundlagen und Methoden für die Praxis der Erziehungshilfen* (2. Aufl., S. 15–41). Frankfurt am Main: IGFH.

Moreno, J. L. (1954). *Grundlagen der Soziometrie.* Opladen: Westdeutscher Verlag.

Mühlum, A., Bartholomeyczik, S. & Göpel, E. (1997). *Sozialarbeitswissenschaft, Pflegewissenschaft, Gesundheitswissenschaft.* Freiburg: Lambertus.

Müller, M. & Bräutigam, B. (Hrsg.). (2011). *Hilfe, sie kommen! Systemische Arbeitsweisen im aufsuchenden Kontext.* Heidelberg: Carl Auer.

N

Nationales Zentrum Frühe Hilfen (o. J.). *Rechtliche Grundlagen.* Verfügbar unter: https://www.fruehehilfen.de/grundlagen-und-fachthemen/grundlagen-der-fruehen-hilfen/rechtliche-grundlagen/ [03.03.2022].

Neuffer, M. (2002). *Case Management. Soziale Arbeit mit Einzelnen und Familien.* Weinheim und München: Juventa.

Neuffer, M. & Ollmann, R. (2000). Der Hausbesuch: Hausbesuche bei Gefährdung und Vernachlässigung von Kindern. Rechtsrahmen und fachlich-methodisches Vorgehen. *Sozialmagazin,* (9), 12–25.

Neurath, O. (1909). *Empirische Soziologie.* Wien: Springer.

O

Obert, K., Pogadl-Bakan, K. & Rein, G. (2018). *Aufsuchende psychiatrische Arbeit.* Köln: Psychiatrie-Verlag.

Ollmann, R. (2001). Rechtsfragen im Zusammenhang mit einem Hausbesuch. *Zentralblatt für Jugendrecht*, (1), 1–12.

P

Pantuček, P. & Röh, D. (Hrsg.). (2009). Perspektiven sozialer Diagnostik. Wien und Münster: Lit.

Pantuček, P. (2009). Soziale Diagnostik (2., verb. Aufl.). Wien: Böhlau.

Pantuček-Eisenbacher, P. (2019). *Soziale Diagnostik. Verfahren für die Praxis Sozialer Arbeit* (4. Aufl.). Göttingen: Vandenhoeck & Ruprecht.

Pauls, H. (2013). *Klinische Sozialarbeit. Grundlagen und Methoden psycho-sozialer Behandlung* (3. Aufl.). Weinheim: Beltz Juventa.

Pauls, H. & Reicherts, M. (2013). *Zielorientierung und Zielerreichungsanalyse in der psycho-sozialen Fallarbeit: Eine Arbeitshilfe für Beratung, Soziale Arbeit, Sozio- und Psychotherapie.* Weitramsdorf: ZKS.

Q

Qualitätsstandards Schleswig-Holstein (2013). *Qualitätsstandards der Bewährungshilfe in Schleswig-Holstein.* Kiel: Arbeitsgruppe Qualitätsstandards Schleswig-Holstein.

R

Reicherts, M. (1999). *Comment gérer le stress? Le concept de régles cognitivo-comportemenales. Contributions fribourgeoises en psychologie Volume 9.* Fribourg/Suisse: Editions Universitaires.

Reinhardt, J. (2017). *Rechtliche Grundlagen des Adoptionswesens in Deutschland im internationalen Vergleich. Eine Expertise für das Expertise- und Forschungszentrum Adoption (EFZA).* München: Deutsches Jugendinstitut e. V.

Richmond, M. E. (1899). *Friendly Visiting among the Poor. A Handbook for Charity Workers.* New York & London: Macmillan Company.

Rogers, C. R. (2004). *Therapeut und Klient. Grundlagen der Gesprächspsychotherapie.* Frankfurt: Fischer.

Röh, D. (2018). Sozialraum. In P. Buttner, S. B. Gahleitner, U. Hochuli Freund & D. Röh (Hrsg.), *Handbuch Soziale Diagnostik. Perspektiven und Konzepte für die Soziale Arbeit* (S. 8–93). Berlin: Deutscher Verein für öffentliche und private Fürsorge e. V.

Rosemann, M. & Konrad, M. (Hrsg.). (2020). *Selbstbestimmtes Wohnen kompakt.* Köln: Psychiatrie-Verlag.

Rupp, M. (2014). *Basiswissen Psychiatrische Krisenintervention* (2. Aufl.). Köln: Psychiatrie-Verlag.

Rupp, M. (2017). *Notfall Seele. Ambulante Notfall- und Krisenintervention in der Psychiatrie und Psychotherapie* (4., aktual. Aufl.). Stuttgart: Thieme.

Rüschoff, I. (2020). Andere Länder, andere Sitten. Hausbesuche bei Migranten. In M. Rosemann & M. Konrad (Hrsg.), *Selbstbestimmtes Wohnen kompakt* (S. 171–180). Köln: Psychiatrie-Verlag.

S

Salomon, A. (1926/2004). Soziale Diagnose. In A. Salomon, *Frauenemanzipation und soziale Verantwortung. Ausgewählte Schriften, Bd. 3: 1919–1948* (S. 255–314; Orig. 1926). Neuwied: Luchterhand.

Schermer, F. (2006). *Lernen und Gedächtnis. Grundriss der Psychologie Band 10* (4., überarb. und erw. Aufl.). Stuttgart: Kohlhammer.

Schermer, F., Weber, A., Drinkmann, A. & Jungnitsch, G. (2016). *Methoden der Verhaltensorientierten Sozialen Arbeit: Basisstrategien* (überarb. Neuaufl.). Aschaffenburg: Alibri.

Schlittmaier, A. (2014). *Ethische Grundlagen Klinischer Sozialarbeit* (2. Aufl.). Coburg: ZKS-Verlag.

Schrapper, C. (2019). Sozialpädagogische Diagnosen und sozialpädagogisches Fallverstehen. In J. Merchel (Hrsg.), *Handbuch Allgemeiner Sozialer Dienst (ASD)* (S. 203–212). München: Ernst Reinhardt.

Schreider, E. (2017). Methoden der Prozesssteuerung: Casemanagement und Hilfeplanung. In J. Bischkopf, D. Deimel, C. Walther & R. B. Zimmermann (Hrsg.), *Soziale Arbeit in der Psychiatrie. Lehrbuch* (S. 273–291). Köln: Psychiatrie-Verlag.

Schwendter, R. (2000). *Einführung in die Soziale Therapie.* Tübingen: dgvt-Verlag.

Skinner, B. F. (1964). *Science an Human Behavior.* New York: Macmillian.

Sonneck, G., Kapusta, N., Tomandl, G. & Voracek, M. (Hrsg.). (2016). *Krisenintervention und Suizidverhütung* (3., aktual. Aufl.). Stuttgart: UTB.

Sonnenmoser, M. (2008). Ethik in der Psychotherapie. „Informierte Zustimmung" gefordert. *Deutsches Ärzteblatt PP,* (10), 455f.

Staub-Bernasconi, S. (2007). Soziale Arbeit: Dienstleistung oder Menschenrechtsprofession? In A. Lob-Hüdepohl & W. Lesch (Hrsg.), *Ethik Sozialer Arbeit* (S. 20–53). Paderborn u. a.: UTB.

Stecklina, G. & Wienforth, J. (Hrsg.). (2020). *Handbuch Lebensbewältigung und Soziale Arbeit. Praxis, Theorie und Empirie.* Weinheim: Beltz Juventa.

Stein, C. (2015). *Psychotherapeutische Krisenintervention (Handwerk der Psychotherapie Band 6).* Tübingen: Psychotherapie-Verlag.

Stein C. (2020). *Spannungsfelder der Krisenintervention. Ein Handbuch für die psychosoziale Praxis* (2., erw. und überarb. Aufl.). Stuttgart: Kohlhammer.

Stimmer, F. & Ansen, H. (2016). *Beratung in psychosozialen Arbeitsfeldern. Grundlagen – Prinzipien – Prozess.* Stuttgart: Kohlhammer.

T

Tamm, J. (2020). Die Angst vor der Fremdbetreuung und die Bedeutung des Kaffeetrinkens. In M. Rosemann & M. Konrad (Hrsg.), *Selbstbestimmtes Wohnen Kompakt* (S. 122–130). Köln: Psychiatrie-Verlag.

Thiersch, H. (2012). *Lebensweltorientierte Soziale Arbeit. Aufgaben der Praxis im sozialen Wandel.* Weinheim und München: Beltz Juventa.

U

Umsetzungsbegleitung BTHG (o. J.). *BTHG-Kompass.* Verfügbar unter: https://umsetzungsbegleitung-bthg.de/bthg-kompass/bk-bedarfsermittlung-icf/icf/ [3.3.2022].

Urban-Stahl, U. (2009). Der Hausbesuch zwischen fachlicher Notwendigkeit und öffentlicher Instrumentalisierung. *Forum Erziehungshilfen,* (1), 4–11.

Urban-Stahl, U. (2015). „Hausbesuch" oder „Heimsuchung"? Ambivalenzen eines klassischen Settings der Arbeit in Familien. *Neue Praxis. Zeitschrift für Sozialarbeit, Sozialpädagogik und Sozialpolitik,* Sonderheft 12, 171–188.

Urban-Stahl, U. (2019). Hausbesuche. In J. Merchel (Hrsg.), *Handbuch Allgemeiner Sozialer Dienst* (3. Aufl., S. 251–260). München: Ernst Reinhardt.

Urban-Stahl, U., Albrecht, M. & Gross-Lattwein, S. (2018). *Hausbesuche im Kinderschutz. Empirische Analyse zu Rahmenbedingungen und Handlungspraktiken in Jugendämtern.* Berlin, Toronto, Opladen: Verlag Barbara Budrich.

W

Wälte, D. & Borg-Laufs, M. (Hrsg.). (2018). *Psychosoziale Beratung. Grundlagen, Diagnostik, Intervention.* Stuttgart: Kohlhammer.

Walther, C. (2015). Wirksamkeitsforschung im Überblick: Ambulant Betreutes Wohnen psychisch kranker Menschen in Deutschland. In G. Hahn & M. Hüttemann (Hrsg.), *Evaluationen psychosozialer Interventionen* (S. 89–108). Köln: Psychiatrie-Verlag.

Weinbach, R. W. & Grinnell, R. M. (2000). *Statistik für Soziale Berufe. Studienbücher für Soziale Berufe* (4. Aufl.). Neuwied: Luchterhand.

Weinmann, S., Bechdolf, A. & Greve, N. (2021). (Hrsg.). *Psychiatrische Krisenintervention zu Hause. Das Praxisbuch zu StäB & Co.* Köln: Psychiatrie-Verlag.

Weyrich, K. (2007). Diagnose. In Deutscher Verein für öffentliche und private Fürsorge (Hrsg.), *Fachlexikon der Sozialen Arbeit* (6. Aufl.). Baden-Baden: Nomos.

Wiesner, C. et al. (2008). *Ursachen für die Umsetzungsproblematiken in der Soziotherapie. Evaluationsbericht. Bericht der Geschäftsführung im Auftrag des Unterausschusses Soziotherapie.* Siegburg: Gemeinsamer Bundesauschuss.

Witzmann, M., Kraus, E., Gerlach, T. & Weizel, R. (2015). *ICF-basierte Förder- und Teilhabeplanung für psychisch kranke Menschen.* Bern: Huber.

Wüsten, G. (2019). Analyse sozialer Ressourcen in der klinischen Sozialarbeit. In S. Dettmers & J. Bischkopf (Hrsg.), *Handbuch gesundheitsbezogene Soziale Arbeit* (S. 73–80). München: Ernst Reinhardt.

Z

Ziltener, W. (2009). Die Übergabenotiz – Ein Kurzbeispiel zum Thema Aktenführung. In R. Brack & K. Geiser (Hrsg.), *Aktenführung in der Sozialarbeit. Vorschläge für die klientenbezogene Dokumentation als Beitrag zur Qualitätssicherung* (4. Aufl., S. 143–148). Bern: Haupt.

Michael Borg-Laufs & Katja Dittrich (Hrsg.)

Psychische Grundbedürfnisse in Kindheit und Jugend

Perspektiven für Soziale Arbeit und Psychotherapie

KiJu-15
2010
324 Seiten
EUR 24,80
ISBN 978-3-87159-915-6

Ihre psychischen Grundbedürfnisse nach Bindung, Orientierung und Kontrolle, Selbstwertschutz sowie Lustgewinn/Unlustvermeidung können Kinder und Jugendliche oft nur unzureichend befriedigen. Dies führt zu psychischen Leiden und Verletzungen, die bei genügender Beachtung leicht zu vermeiden wären.

Die Beiträge in diesem Buch zeigen auf, wie in unterschiedlichen Bereichen Sozialer Arbeit und Psychotherapie dafür Sorge getragen werden kann, dass kindliche Grundbedürfnisse hinreichend gestillt werden.

John R. Lutzker & Kathryn M. Bigelow

Kindeswohlgefährdung vermeiden – Elterliche Kompetenzen stärken

2020
240 Seiten, mit Online-Materialien
EUR 29,80
ISBN 978-3-87159-835-7

Basierend auf 20 Jahren Forschungs- und Praxisarbeit in über 1.500 Familien mit dem Risiko der körperlichen Misshandlung oder Vernachlässigung stellt das Manual ein Elterntraining vor, mit dem soziale Dienstleister vor Ort Hilfestellungen geben können. Eltern lernen dabei, wie sie ihre Interaktion mit Kindern verbessern, wie sie eine sichere häusliche Umgebung schaffen, und erlangen Grundkenntnisse in der Gesundheitspflege von Kindern.

Mit konkreten Fallbeispielen, Einschätzungsbögen, Checklisten und weiteren Materialien, die direkt kopiert werden können und auch zum Download zur Verfügung stehen, beschreibt das Manual detailliert und Schritt für Schritt, wie bewährte elterliche Kompetenzen eingeschätzt und vermittelt werden können, um Kindeswohlgefährdung zu verringern bzw. zu vermeiden.

---

dgvt Verlag

dgvt-Verlag • Hechinger Str. 203 • 72072 Tübingen
Tel.: 0 70 71 / 79 28 50 • Fax: 0 70 71 / 79 28 51
E-Mail: mail@dgvt-Verlag.de • Internet: www.dgvt-Verlag.de